读懂孩子的心
给他最好的爱

▶ 乐子老师的爱的家庭课 ◀

金慧乐 著

北京理工大学出版社

BEIJING INSTITUTE OF TECHNOLOGY PRESS

图书在版编目（CIP）数据

读懂孩子的心，给他最好的爱：乐子老师的爱的家庭课/金慧乐著 . —北京：
北京理工大学出版社，2017. 3
　ISBN 978-7-5682-3601-0

Ⅰ . ①读… Ⅱ . ①金… Ⅲ . ①儿童教育－家庭教育 Ⅳ . ① G782

中国版本图书馆 CIP 数据核字（2017）第 015732 号

出版发行 / 北京理工大学出版社有限责任公司
社　　址 / 北京市海淀区中关村南大街 5 号
邮　　编 / 100081
电　　话 / （010）68914775（总编室）
　　　　　（010）82562903（教材售后服务热线）
　　　　　（010）68948351（其他图书服务热线
网　　址 / http://www.bitpress.com.cn
经　　销 / 全国各地新华书店
印　　刷 / 保定市中画美凯印刷有限公司
开　　本 / 710 毫米 × 1000 毫米　1/16
印　　张 / 16　　　　　　　　　　　　　　　　责任编辑 / 田家珍
字　　数 / 211 千字　　　　　　　　　　　　　文案编辑 / 张　乔
版　　次 / 2017 年 3 月第 1 版　2017 年 3 月第 1 次印刷　责任校对 / 周瑞红
定　　价 / 36. 00 元　　　　　　　　　　　　责任印制 / 马振武

前言

用心和孩子相爱一场

从事心灵教育以来，经常会有家长这样说："乐子老师，如果没有你的培养，我根本不知道孩子会有这样的天赋。"在这个时候，我心里既充满了喜悦，也充满了深重的责任感。孩子的成长靠我一己之力是不行的，家庭教育才是孩子心灵滋养的摇篮。好父母胜过好老师，家庭教育的重要性已经得到了广泛的认可，那么，什么样的父母才是好父母呢？

这几年，我投身青少年心灵成长和潜能开发工作，得到了很深的启发，好父母不是给孩子买了多少玩具，不是给孩子提供了多么优渥的生活条件，而是无条件的爱——能听懂孩子的内心，理解并包容孩子的脆弱，像朋友那样，陪着孩子一同成长。但事实上，能做到这一点是何其难！

家，应该是心灵的港湾，但在成长的过程中，有很多孩子选择了逃离。在那里没有接纳，有的是责骂、指责、贴标签、不看好；那里充满了苦痛和焦虑，有说不清、道不明的爱的阴影。父母的不理解就像是隐形的暴力，让这些敏感的孩子选择了一次又一次的逃离。

为什么家长要给孩子施加那么大的压力？为什么父母要将原本温馨的家变成"你错我对"的战场？为什么孩子面对自己最亲最近的人，居然一句心里话都说不出来？孩子的内心纠结、使他们挣扎的青春苦痛，为什么总含着童年的暗影？而在大人的心结中，为什么迟迟打不开这爱的魔咒？

　　这几年的个案疗愈，让我深切地感受到孩子内心深处那彻骨的伤痛和无助。在父母和孩子之间，横亘着一道道高高的藩篱，既困住了父母，更困住了孩子。他们彼此在敌对中相处，孩子在叛逆中不得不违心地依附大人，而大人们也在无常的情绪折磨中送走了孩子美好的童年时光，像是一对宿命的冤家，双方的能量消耗殆尽，剩下的只有缴械投降的无可奈何。

　　其实，很多父母在拥有孩子之前，并没有做好准备，也并不知道该如何做一个好父母。在有限的家庭教育经验里，上一辈父母沿袭过来的粗暴、蛮横、冷硬的阴影无意识中渗入生命的底层，成为我们做父母的基本范型和模板，一代一代地传下去。

　　比如，上一代的父母们希望孩子成绩好、听话、乖觉，于是这对父母就继承了上一代的家教模式，觉得自己不够听话，没有上一流大学，没有做到最优秀，所以把自己内心的愿望投射给孩子。这种愿望被投射之后，就势必给这对父母带来心理模式的转变，于是他们陷入锱铢必较的状态，孩子一旦和自己的内心期望不符，他们就会生气，其情绪也会处在一触即发的状态。

　　在我接触的个案中，听到很多家长都在抱怨自己的孩子这里不好、那里不好，这里不如别人，那里不如自己，总之就是不满意。那种语气，就好像孩子是一件商品，型号不符合标准，质量不符合标准，质地不符合标准。

　　孩子不是商品，而是活生生的人，有心理需求，有巨大的心灵能量！这些不同的心灵能量，可以创造出不同的个体。我们为什么要忽略孩子内心的能量，而强求他们外在的千篇一律呢？

　　森林里的大树，没有人呵护它们，没有人天天干扰它们，没有人要求它们，它们照样恣意盎然，自由地吸收阳光，从不放弃生长。你看那一朵花，在自然的力量之下，谁能阻挡得了它的绽放呢？这些自然的灵性能量，为我们展示了最为平和、最为美丽的教育之道：提升能量，就能成就一切美好。

在这个人世间，谁为万物之灵长？人！只有人！我们拥有无穷的能量，可以改变自己的生存环境，从洪荒年代的长毛野人，到21世纪的现代新文明，我们的能量要远大于自然的力量，只要消除自己心灵的阴影，释放灵性的能量，就可以活出自己的真风采！

从心理学来讲，人的本质在于全面发掘自己的灵性所在，找到真正的自己，活出真我。从教育学来说，就是要孩子全面发展，有适应社会的技能，有向上的内心诉求，活出自己的风采，其实道理都一样。

问题在于，我们常常在不经意间忽略了孩子的心灵层面，使他们失去内心的真自我，活在大人们那些看得见、看不见的束缚之下，在绳索的捆绑中挣扎，哪里还有灵性的释放可言？

当一个孩子脑袋里装满了条条框框，熟记了什么是应该、什么是不应该，积累了什么可以赢得大人的赞扬、什么会遭受非议的经验的时候，孩子已经失去了本真的自我，失去了自然的灵性能量，在未来的日子里，他会活得迷茫——不知道自己是谁，不知道为什么而活，没有自己的思想和价值感，只能活在套子里，跟着父母设计好的目标和方向亦步亦趋，不快乐，不自由。

相信每一个家长都不愿意看着孩子在成长中如此负重，如此萎靡不振。我想说：给他们减压，给他们抚慰吧！

孩子从出生那天起，就注定了要开始他独立于这个社会的心理发展进程。遇到困难他需要坚强，遇到苦痛他需要忍受，遇到压力他需要担当，在这个进程中，他才能发展出自己的独立人格，培养自己独有的个性和气质。

作为父母，除了要给孩子力量，还要尽其所能地为他抚平这一路成长的悲伤，拨开他遭受的外围困扰，让他看到自己真实的灵性，激发他的能量，让他学会正视自己，接纳自己，获得成长。

从这个意义上说，家长是幸运的。能和孩子一起分享成长的幸福和喜悦，互相提升能量，何乐而不为呢？关键在于，我们总是不由自主地将自己的负面情绪抛给孩子，挑剔他们，甚至将自己的阴影笼罩在他们心头。

从现在开始，请以真爱的名义，在心灵的深层和孩子互助互爱，给孩子传递爱的能量，让他们犹如原野的花朵，喜悦地开放，灵性地成长，不再迷失自我，不再孤独彷徨，让未来的亲子之路光明温暖。请相信我，在你打开这部书的时候，你会发现，你已经打开了和孩子心灵相通的灵性之门。

你，是孩子的死党。孩子，是你今生回不去的童年里最好的玩伴。

现在，请打开随书附赠的这对能量环。需要向大家说明的是，这不是普通的一对手环，而是你和孩子心灵成长的见证，也是你和孩子心心相印的最有力的外在形式，是对彼此行为的一种宣誓。

孩子戴上它，表示从此以后将会沐浴在爱的能量之下，和你谈心、交流、拥抱、嬉戏；你戴上它，代表你是孩子最亲爱的父亲（母亲），代表你将给他平等、互助、安全、尊严，和他生活在幸福人生的荣光里。

这是一对具有神奇魔力的能量环，它将唤醒沉睡在父母和孩子心头的爱的力量，将不安、委屈、愤怒、抱怨和不接纳统统抛掉，将过去的阴影慢慢整合起来。借助这个能量环，父子或母子可以共同成长，共同促进。

在本书中，第一章每一篇文章的后面都会有使用能量环的方法和步骤。在使用的过程中，请大家将这个能量环当作亲子游戏，和孩子一起冥想、互动，那样将会十分有效地促进彼此的关系发展。

现在，请翻开本书，让我们一起来见证爱的神奇力量，出发吧！

目 录
CONTENTS

第一章

俯下身来，走进孩子的内心世界

生活中，我们常常会抱怨，觉得孩子这里不好、那里不好。可是我们有没有想过，自己到底了解孩子多少？他快乐吗？孤独吗？幸福吗？他在害怕什么？为什么不快乐？……我相信，当我们愿意放下大人的姿态，俯下身来面对孩子时，一定能够更加了解孩子的那颗心。

你看到孩子的孤独了吗？

因为之前说过要给孩子们做一个心理测试，他们为此期待了好久。正好赶上教师节这天上课，几个孩子一看到我就送上自己做的贺卡，里面画得花花绿绿的。拿着他们的贺卡，心里暖暖的。别看这些孩子平时打打闹闹的，其实他们的心还是挺细的。

【心理小测试】

我将孩子们带到了室外。

外面站着一排刚栽下不久的小树。瘦小的树干，在即将到来的秋季显得有些屏弱。孩子们注视着小树，他们的眼神专注而好奇。

有个孩子忍不住问道："老师，不是要给我们做测试吗？"

我不置可否地笑笑说："再给你们两分钟时间，看清那些树，记住它们的样子，然后听我的口令，你会发现自己越来越聪明了！等会儿如果谁觉得自己变得越来越聪明了，就举手告诉我！"

这些十一二岁的孩子们，都静静地注视着不远处的小树。我知道，在每个人的心里，即便是同一棵树，也会留下不同的映象。

我说："那里整整一排，正好是八棵小树，从左到右按照顺序，大家可以给它们编出排列号码。你喜欢其中的哪一棵就记住它的序号和样子。现在开始闭上眼睛，听我的口令：一，二，三，闭上眼睛，放松你的身体和双手。"

孩子们很快闭上眼睛，手很自然地垂下来，落在大腿两边。这是最自然的放松状态，此刻获得内心的信息也最容易。

　　我轻轻地说："现在，你是最聪明的孩子，你可以记住眼前刚刚看到的小树。你仔细听，仔细看，哪一棵是你最喜欢的树？听听它们在说什么？它们快乐吗？天天站在风雨中，它们在说什么？用自己聪明的耳朵，听听它们，你一定能知道这个秘密！"

　　孩子们沉浸在自己的内心世界，他们的眼睛都微闭着，似乎忘记了自己身在哪里。

　　我又轻声说："好，你们听见树在说话了吗？如果听到了，请将它们的话记在你的脑子里，记完了睁开眼举手告诉我。"

　　过了不多一会儿，孩子们都陆续睁开了眼睛，有几个孩子举手回答："老师，我听见了！我听见了！"

　　等到大家都差不多在脑海里记完了小树的话之后，我说："现在，大家可以在纸上写下刚才听到的话。"

　　孩子们一下子高兴起来。他们都高兴地拿出纸笔来，将脑子里的声音写到纸上。

【心理小贴士】

　　在心理学上，有一种简单的人格测试，是从个体对树的潜意识感知着手进行的，就是房树人测验，简称HTP，是目前国际上比较标准的图画人格投射测验。通过画图者所画的树、房子和人，可以了解其潜意识的心态、情绪、性格、人际交往状况、家庭关系情况、心理能量，等等。

　　在这里，我只是想通过简单的测试，简略地了解孩子们内心对快乐的感受程度，借以了解他们内心深处的生活和学习的动力。树象征着他们自身的人格，他们听到树说的话，并不是树在说话，而是他们内在的自我在说话，这是一种心理的投射。每个孩子听到的声音，正是他内心的真实意象，也是对快乐的真实感受。

【测试结果】

孩子们到底听见小树说了些什么呢？我给他们的答案做了个分类，并摘录下来。

生机勃勃的小树

小树说："站在这里真好啊！每天看着天空，小鸟在枝头歌唱，多么快乐啊！"

小树说："我是一棵多么快乐的小树！我要天天在这里唱歌！让我的小鸟朋友们来和我一起快乐！"

小树说："有一天我会长大，到时候就可以做小鸟最高最安全的房子。"

小树说："我真的很想一直这样。下雨的时候，还能洗澡，多么快乐啊！"

小树说："夏天来了，风儿多凉爽。冬天来了我也不怕，因为有白雪挂在枝头，多么干净，多么好玩。"

小树说："我天天看着风儿在跳舞，看着冬天走了，春天来了，我是世界上最快乐的观众。每一天都看着这些在我眼前上演！"

●心理分析

这些孩子的内心意象充满着自信、快乐，有爱人的能量，还有包容痛苦的韧性，善于为人着想，富有同理心，并且能够客观评价现实环境，适应各种生存环境，是有高智慧和高情商的孩子。

柔弱无力的小树

小树说："我不想做一棵树，太累了。"

小树说："我不想做这棵树，要是能做旁边那一棵树就好了。太不公平了。"

小树说："要是天天下雨，刮风，多没有意思啊。我讨厌做一棵树。"

小树说："做树多没意思啊，我宁愿做一只小鸟，自由自在。"

小树说："如果能长成大树，就没有这么辛苦了啊。"

小树说："我最害怕闪电和打雷了，求求老天，别再下雨了。"

小树说："我不做小树，还能做什么呢？"

小树说："我觉得老是长不大，看看第五棵树，怎么长得那么高呢？"

小树说："我不想这样闷着，可是我又不能动，谁来帮帮我啊？"

● **心理分析**

从这类孩子听到的声音中，我们可以看到柔弱、被动、孤僻、偏执、沉闷、无奈的意象。

整体感觉这些孩子在自我认知上非常匮乏，制造快乐的能力较弱。如果遇到困境，他们大多会选择压抑自己，学习或做事容易陷入迷茫，多有被动的行为。不知道自己需要什么、想要什么，也不会主动追求自己需要的、想要的，而是随波逐流，由父母和老师操控自己的学习和生活。

● **结论与对策**

我综合成绩进行了观察，发现这些孩子多是成绩在中等偏下，甚至学习吃力，行为上有逃学倾向，拖延行为严重，常常不能按时完成老师布置的任务。而父母总是期望值过高，将自己的内心意愿投射在孩子身上，教育简单粗暴，以明确的指标为导向，更是加重了这些孩子的焦虑和无助感。

在这里，树其实是孩子人格的象征。如果缺乏自信，孩子会胆小怕事，怨天尤人，形成缩手缩脚的个性，常会跟在父母身后，过分依赖父母给自己做决定。

这类孩子亟需父母的鼓励和信任。如果能给予更多关注，从心理上多加认同和鼓励，为他打开一个自由的空间，他会乐于进行很多尝试，学会独立完成一些事情，比如按时写完作业，挑战一道数学难题……生活中，父母也可以尝试放手，让他独自走黑暗的楼梯，穿过黑暗的楼道，独自待在黑暗的屋子里；和阳光活泼的孩子交朋友，多做一些互动……这些训练的目的是让他能体会到自己的存在，独立运用自己的时间，安排自己的时间。

对于内心生机勃勃的孩子来说，家长要承认他的存在，让他积极参与到家庭内部事务中来，担当家庭的责任；让孩子体会到自己的价值和意义，建立稳定的存在感。早当家的孩子更容易锻炼出能力来。

● **能量环的使用方法及步骤**

家长和孩子一起，分别将能量环戴起来进行有效的互动。

1.让孩子戴在右手上，给孩子一个约定：不要害怕，爸爸妈妈一直会支持你，给你力量，充分相信你的能力，无条件爱你。你是最好的。你能行！我们都能行！

这个约定的目的，是要父母和孩子彼此相信，彼此信任，并给予彼此爱的承诺。

家长将能量环戴在右手上，表示遵守这个约定：不粗暴干涉孩子，不粗暴指责孩子，愿意接受孩子的一切，和孩子进行自由、和善的沟通。

2.当父母出现忧虑、干涉、指责、谩骂等行为时，就将能量环戴在左手上；当孩子出现恐惧、抗拒等退缩行为时，也将能量环戴在左手上。

通过将能量环戴在左手和右手的互换练习，可以帮助孩子和父母体会自己的情绪变化，从而进行有效的沟通和交流。

3.当双方都将能量环戴在左手上的时候，沟通常常会陷入僵局，彼此应及时进行调整。

你知道孩子不喜欢自己吗?

我曾经让孩子们写过一篇作文，题目是"我最想说的心里话"。布置这个作业时，我有约在先："想说什么都行，哪怕是秘密也行。我会替你保密，打死都不说出来。"

学生接口道："那是死党。"

我笑道："对，就做死党。不过，希望有零食供应。"

孩子们都咯咯笑了。屋子里弥漫着快乐的味道。

课间，大家会围聚在我身边，将零食分享给我吃，聊好玩的事情，诸如看了一部不可思议的书，发现了一件不可思议的事；也会问一些奇怪的问题，诸如有没有外星人，为什么人类不到月球上去，等等。

快乐是可以相互感染的。从孩子那天真无邪、充满好奇心的童真里，我获得的是找回这颗久违的好奇心，更乐于探寻未知的世界。大人和小孩其实是可以没有界限的，只要彼此不划定太多的疆域，也会一起到达快乐的彼岸。

【心理小测试】

金色的阳光，从屋顶开着的天窗投射进来，照得孩子们的脸金灿灿的。

我看着大家头顶的金色，笑道："大家快看，在你们的身上有什么?"

孩子们你看看我，我看看你，都笑了，纷纷答道："有阳光啊。"

我也笑了："这么灿烂的阳光，你们喜欢吗?"

一阵响亮的回答："喜欢!"

我招牌式的微笑浮现出来，压低了声音诡谲地说道："现在，闭上眼睛，感受阳光轻轻穿过头顶，轻轻进入你的身体。"孩子们知道，又一轮有趣的实验开始了，一个个兴奋得脸色发红，乖乖闭起了眼睛。

我轻声说道："放松你的手，放松你的腿，你走在阳光下面，感受到非常温暖，一切都是那么美丽。"

　　屋子里静悄悄的。孩子们闭着眼睛，沉浸在安详的静谧里，仿佛走进了一个未知的世界。许久，我轻轻说道："现在，请仔细地看看，在你的周围都有什么？美丽还是丑陋？单调还是黑暗？那是你喜欢的还是不喜欢的？在你的眼前，有一面镜子，镜子里的人是什么样子的？请你看清并记住这一切。如果看清了并且记住了，请举手告诉我。"

　　大约十分钟之后，有学生陆续举手，说自己已经记住了看到的一切。我轻轻点头："很好。现在请拿出纸笔，将你看到的记录下来，并写出自己的感受。"

　　孩子们拿出纸笔，埋头写起来。

【心理小贴士】

　　在放松的状态下，观察自己的内心，可以呈现真实的自我评价和真实的自我接纳度。通过这个小测试，可以透过孩子看到的内心意象，如丑陋、美丽、黑暗、光明等，间接判断孩子的自我接纳度和自我评价指数。

【测试结果】

　　孩子到底看到了什么呢？为了更好把握他们的心理动向，我特意做了分类。透过这个分类，我看到了孩子之间的个体差异。

五彩缤纷的世界和可爱的镜中人

　　男孩本本写道："我看到周围很美丽，到处是五彩缤纷的花儿，还有绿色的树林。镜子里的人是一个活泼可爱的小男孩。他正在奋力奔跑，阳光照在他的身上，简直太帅了！"

　　女孩美美写道："我看到一个美丽的花园。许多美丽的花儿在开放，耳朵还能听到许多鸟儿在唱歌，各种各样彩色的气球在高高飘扬。镜子里有一个长辫子的小姑娘，她穿着漂亮的花裙子正在跳舞，她跳得真好看！"

女孩洛洛写道："我看到了一片蔚蓝的天空，还有金灿灿的油菜花地。到处都是金色的，那么温暖。镜子里有一个很爱笑的小女孩，她露出两个浅浅的酒窝，白白的小牙齿，十分可爱。我很喜欢她。"

男孩皮皮写道："我看到了一片绿茵茵的草地，到处都有骑马的人，他们很快乐地骑着马，飞快地跑起来，太阳照着他们，真是太美了！镜子里有一个小男孩，他很有力量，像个英雄，正在训练臂力，他的胸前挂着一块奖牌。"

男孩波波写道："我看到了无边的草原，还有一群奔跑的人，他们欢呼着，笑着闹着，周围是美丽的景色，温暖的阳光。镜子里的人也在笑着，他是一个男孩，身材高大，他要骑着马到遥远的地方去。他笑得很开心。"

女孩天天写道："我看到了一片绯红色的桃园。花儿朵朵，一直铺到了天边。多么让人陶醉。人们在高兴地笑着，静静地欣赏着大自然的美景。镜子里的人是个短头发的小女孩，她的眼睛很大，正在细心地描绘一幅画，墙上挂着她的奖状。"

●心理分析

从以上的描述中，我们可以看到这些孩子的内心充满了阳光和力量——奔跑、欢笑、荣誉、美丽、自信，这代表了对自我积极的接纳和喜爱。这是乐观自信的孩子特有的心理模型。这类孩子内心意象阳光灿烂，既有对自我的接纳和喜爱，也有对他人广阔的包容和理解，而且富有情趣，性格温和，学习动力充足，做事有积极的态度，敢于承担责任，有规划人生的心理能量，也有经受挫折考验的韧性。

灰暗的世界和奇怪的镜中人

女孩西西这样写道："我看见周围灰蒙蒙的。天下着雨，看不清远处的景物。镜子里的女孩，样子很奇怪，她的耳朵很小，听不到声音。"

男孩东东这样写道："周围有些黑。看不到树木。天上没有太阳，四周乱哄哄的，有人在吵架。镜子里的男孩很胖，他跑不动，只好站在那里看着远处。"

女孩卡卡这样写道："下雪了，天很冷。人们都没有出来。公园里很冷清。树叶很脏了，树也很老了。镜子里的女孩，没有朋友，有些孤单。她坐在那里，没有事做，只好回家打开电视看。"

男孩秦秦这样写道："太阳想要出来，但最后还是没有出来。周围有些乱，地上也很脏。好像听见有人在骂人，说笨猪。镜子里的男孩，头发很短，他很难看。他不喜欢让别人看着他，如果有人看他，他会躲起来。"

女孩宝宝这样写道："外面很黑。我看不清周围的景色。我不喜欢这样的颜色，更不喜欢这样的时刻。镜子里的人，我看不清，不知道长什么样子。我讨厌镜子。"

男孩闹闹这样写道："外面很脏。我不想出去。我看不到周围有什么。镜子里很黑，因为没有光，我看不到里面有什么。"

女孩文文这样写道："我看见外面有一条狗。它的样子很可怜，不知道谁把它丢在路边，再也没有人来爱它。镜子里的小女孩躲在屋子里，看着窗外。外面的树还没有发芽。"

●心理分析

从以上整理出来的记录中，我可以看到一个灰暗、阴冷、单调、孤独、闭塞的空间，这里没有活力，没有生机，缺乏暖意，似乎连合作和快乐的可能性都被扼杀。

这是一群孤独、彷徨、迷茫的孩子的心灵自画像。我们从这些意象中，能够清楚地感受到孩子们内心的无依无靠，还有他们对自己的可怜和嫌恶，对身边的人和环境存有那种抗拒和排斥，甚至是隐形的敌意。在这个近乎密闭的自我空间中，他们几乎没有成长的动力。

对照孩子在班级中的成绩及表现，正如心灵显影的情形一般，这样的孩子大多学习成绩较差，人缘不好，做事也较为被动，缺乏动力和进取心，容易和同学产生矛盾，反差行为较多。可以说，这类孩子是成长中较为危险的一群孩子。

那么，到底是什么导致了孩子的内心如此灰暗呢？这是一个非常值得探讨和反思的课题。根据多年心理疏导的实践经验，我也参考了很多心理学理论，认为有以下两个方面的原因，特作如下简单的分析：

其一，在孩子0～3岁阶段，父母（尤其是妈妈）错过了最佳的爱的哺育期。对孩子来说，这是一段最脆弱的心灵发育期，按照心理学家的说法，这个时期关系着孩子主体人格的形成，也就是说，孩子的内心是否有安全感，要依赖于这个时期妈妈是否给予过恒定的温暖。如果妈妈在3岁之前就选择远离孩子，选择粗暴和冷硬的态度，拒绝给予孩子温暖的怀抱，那么，这个孩子将会在潜意识中接收到这种被抛弃的孤独感，并且错误地认定周围的环境是不安全的、是充满敌意的，由此形成对外在的人、事、物产生抗拒和敌对。如果妈妈能够在3岁之前，或者是直到5岁左右一直陪伴在孩子身边，给予孩子正面积极的回应和拥抱，让孩子感受到被重视和被保护，那么，孩子的内心就会是开放的，并且乐于接受和包容身边的一切。

其二，家庭关系中存在恶意和冷漠，造成了孩子的心理扭曲。

在家庭中，孩子的成长是以所有家庭成员的互动关系来作为背景和参照的。如果他在和家庭成员的相处中得到了较为完整的认同和赞赏，那么内心也会在慢慢发育期间吸收这种富有正面积极的能量滋养，养成一颗有包容性、能够接纳自我、客观认知自我的健康心灵。

当他做错了事情，或者偶尔犯了错时，大人大声的斥责、毫无温情的痛斥和责打，甚至是无心的吓唬，再到恐吓和威胁，都可能导致孩子心灵的短暂失明，潜意识中升起愤怒、恐惧、敌对等多种负面意识，久而久之，慢慢积累沉淀，就会形成抗拒、逃避的人格，直至破坏和毁灭。

●**结论与对策**

通过分析两种不同意象孩子的内心世界，我们能够觉察到孩子对自我的认知和接纳程度，为深入了解孩子的内心世界迈出了非常值得尝试的一步。

中医看病讲究望、闻、问、切，每一门功课都要做足做实，对待孩子的问题，我们更要慎之又慎，毕竟这关系着孩子脆弱的心灵。通过检视孩子的心灵草图，父母能够掌握第一手的珍贵资料，为下一步进行有的放矢的沟通和交流打好基础。

本着共同成长的原则，我有以下几点建议：

首先，对那些内心阳光灿烂的孩子，家长要做的就是敢于放手，尊重孩子的想法和决定，给予理解和信任，让他体验到成长的滋味。遇到问题，不要马上跑上前去帮助或者包办，而是应该站在旁边鼓励他自行解决，为他出主意，鼓气加油。同时，还可以设置各种障碍，以磨砺他的意志力，使他的韧性有所成长。父母怕孩子吃苦固然是疼孩子，但孩子若不能承受痛苦，父母就算疼爱他一辈子也代替不了他的人生。

值得一提的是，家长切忌过分表扬，过分夸赞。一个听多了夸赞和虚假认同的孩子，会将自信建立在外在世界对自己的认同上面，时间久了，就会形成认同驱动，一旦遭遇到不认同，就会出现自我挫败情绪，导致人格的萎缩。

道理很简单，孩子内心建立的自信，并非表面形式的刻意表扬，而是正面的自我角色认定，是能够和大人平起平坐的满足和尊严感。家长如果能及时做到这一点，就可以避免日后代沟问题的出现，和孩子互相沟通就会少很多荆棘和牵绊。

其次，对那些心理意象灰暗闭塞的孩子来说，父母此时的慌乱和自责都是无济于事的，他们唯一能做的就是从根源上进行反思，而后对症下药。

这些孩子大多在幼儿时期缺乏关爱，内心安全感缺失，再加上外在环境的粗暴对待和亲人的冷漠，形成了对外部世界的敌对和抗拒心理。找到这个问题的根源，父母就要从呵护孩子心灵的层面展开家教，用温暖的爱来捂热孩子冻僵的灵魂。

根据多年心理辅导的实践经验，我特别提出以下方法：一说，二抱，三道歉。具体一点就是要面对孩子说出"我爱你"，这个表达其实是在向孩子说明他是值得被爱的，他是可爱的。晚上睡觉前，要给予孩子一个充满爱意的拥抱，这是在传递一种安全感，让他感受到自己的存在。在适当的时候，为自己没有觉知的粗暴行为，为自己不得已的离开向孩子道歉，这是在表达对孩子的尊重和信任，传递平等和爱的能量。父母向孩子道歉之后，不要因为内疚而轻易附加过多的承诺，因为这样做容易使孩子形成债主心理。我碰到过很多例子，家长因为心存愧疚，常常想将失去的爱一下子都补回来，孩子想要什么就给什么，结果让孩子在突如其来的丰盛大餐面前失去了理智，过分索取，形成了"你欠我的必须补偿给我"的错误认知。

另外，在给予孩子足够的爱的同时，不要过分调高对孩子的期望值，不要过分要求孩子的学习成绩、班级名次达到哪一个层次，因为这是孩子内心的软肋；要尽可能给予关爱和鼓励，默默在背后关照，和风细雨地鼓励和表扬，积极正面地引导和暗示，告诉他要相信自己，不管何时，父母都会无条件地接纳他、支持他。

说这么多，其实就是一个观念：和孩子做朋友，尊重孩子的独立性、完整性、独创性，认同孩子的想法并乐于倾听孩子，愿意和孩子一起面对，促成孩子对自己的信任，这也是家长获得心灵成长的最佳时机。

●能量环的使用方法及步骤

1.对于内心意象丰满的孩子来说，家长要和他一起戴上能量环，代表以后不会过多干涉孩子，要给他相对独立的自由，加强平等的交流。双方都戴在右手上，代表大家会互相尊重彼此，绝不强加自己的意志给对方，反之，就将能量环换到左手上，让彼此警觉自己的行为。

2.对于内心意象比较单调灰暗的孩子来说，家长要和他一起，将能量环都戴在右手上，承诺给他一个爱的约定：我戴上它，要学会爱你，不打骂你，和你多交流，温柔对待你。你戴上它，要和我说心里话，有什么烦恼尽管说，我会努力帮助你。如果双方有不好的情绪，不再信任对方，就将能量环换到左手上，等到情绪稳定，能够相互交流之后再换到右手上。

3.注意：通过反复调换能量环，父母和孩子能够感知到爱的能量，并通过左手负面能量的对比，强化正面体验。

你听到孩子的哭泣了吗？

【心理小测试】

走进我的工作室，看到可以席地而坐的环境，孩子们都感到非常新鲜，虽然彼此刚刚认识，但并没有拘谨，叽里咕噜地说起话来，很快就开始嘻嘻哈哈地玩闹起来。我看着他们笑着、闹着，随手端起一盆花，说道："来，大家给这盆花鼓鼓掌吧，看它开得多热烈啊。"

孩子们都愣了一下，马上停住了话头。房间里变得鸦雀无声。

大家仔细看去，发现那盆花其实是很小的，与其叫它花，不如叫它草更准确。花朵小小的，星星点点，淡紫色，散落在肥厚的叶子中，像是一个没有长大的孩子被包围在一群大人中间。

我问："你们猜猜看，这盆花幸福吗？"

孩子们都疑惑地看着我。大概从来没有老师问过他们这样的问题。而且在他们大吵大闹的时候，没有瞪眼睛，没有大声喊停。于是，这帮孩子开始注视那些静静开放的花儿，认真地观察。

"花儿开在心里，只要你闭上眼睛，仔细听。别睁眼，现在把手放在腿上，开始在心里想象花儿的样子，告诉花儿，你一直都那么喜欢它，然后你就说出自己的幸福感言吧。"

孩子们很快乖乖地闭上眼睛，不由自主地将手放在腿上。我轻轻说道："请你将手放松地垂下来，垂下来。好，现在你看到了一朵花，你听见了花儿在说话。如果听见了请点点头，并且举手告诉我。"

一个孩子举手要发言。我点头示意，她说："老师，我听到花儿在说话。"另一个孩子也举手："老师，我也听到花儿在说话。"紧接着，一群孩子都举起了手。他们的手，在房间里一个一个地立着，像是一片小树林。我点头笑了，说："很好，现在请女孩子们把这些花儿说的话写在纸上，然后交给我。记住，你的答案是独一无二的，无人能够重复。愿意做这个游戏的举手。"

孩子们都跃跃欲试。在这之前，他们大概都听说过我的名字，也听说过这种奇怪的测试，但是第一次作为被试者，还是非常新鲜的。男孩子们都憋不住地问："老师，那我们呢？我们怎么办？"

我笑了笑说："男孩子可以看着花，可以不听花儿说话，但要欣赏花儿。"

他们略带失望，女孩子们则兴奋地拿出纸笔来，开始写答案。屋子里弥漫着一种神秘的喜悦感。几个女孩子写完了还在认真检查着，生怕漏掉什么。我接过这些纸条，笑着说："谢谢大家。我可以从这里破译你们在想什么，信不信呢？"孩子们都半信半疑地望着我。有的孩子充满期待地问："老师，您真的能知道吗？"我没有回答，神秘地笑了。

【心理小贴士】

按照弗洛伊德精神分析学理论，人具有显意识和潜意识，显意识有时候并不能代表真实的自我，深入潜意识才能看到真实自我的具体表现，这是揭开孩子内心世界的有效途径。

在每个孩子的心里，都有一个内在意象。在心理学中，这个意象正是他们的心灵缩影。一个孩子的心理感受，有时候并不是自己能说清楚的，再加上孩子的内在感知力不够，自我倾听的能力几乎为零。但是心理师可以通过一些小小的测试，听到他们内心的自我感言。这些测试不同于一般的问卷调查，而是从潜意识的层面，解读心灵的密码。

这盆花正好代表了孩子的心理意象，花儿的象征，其实就是女孩对自我幸福感的评价。我要问问这些孩子，她们的内心到底开着什么样的花。研究心理学这么多年，这个方法很有效，能够从一个侧面了解孩子的性格，预知孩子内心的隐痛。

【测试结果】

女孩子们到底听见花儿说了什么呢？这是一部分女生的回答，我特意做了分类，并摘录下来。

阳光灿烂的小花儿

有几个成绩比较优秀的学生这样回答：

花儿说："我会开出美美的花，我能看见春天来了。"

花儿说："我开花因为我幸福。"

花儿说："我要尽情开放，因为我觉得很幸福。"

花儿说："因为我快乐，所以我开花，我要大家看到我都很开心。"

花儿说："我是幸福的，我要让大家看见我的幸福，我要开花。"

花儿说："开花让我快乐，我会努力开花，做一朵盛开的花。"

●心理分析

在她们的内心意象中，花儿开放意味着获得幸福。她们的学习动力就是为了获得幸福，而且她们也坚信可以获得幸福，也就是说，她们对自己有信心，有积极获取幸福感的自信心，也有良好的学习生活的动机。值得一提的是，这些孩子面对困难时有坚忍不拔的毅力，她们相信自己可以搞定这一切，逆商发展良好。（关于逆商，在后面的章节中专门要讲。）

性格分析：

这类女孩子的性格活泼中透着冷静，时而睿智，时而天真，是情商较高的异类，同时也拥有较好的人缘。我将这些女孩子的名字写下来，对照一下她们的行为举止，果然都十分得体，最后选定她们为小助手。

孤独徘徊的小花儿

花儿说："我为什么开得这么小呢？我好可怜啊。"

花儿说："叶子总是那么大，我开不出来啊。"

花儿说："开了也是丑丑的，不好看，不幸福。"

花儿说："开花有意义吗？"

花儿说："开了花，谁能看得见呢？"

花儿说："开花是我必须做的。反正我就是一朵花。不幸福也得开花。"

花儿说："我是一朵孤独的花，我不想开放。"

花儿说："像我这样小的花，不如做一棵草。"

●心理分析

在上面的答案中，透过这些字眼，可以看到意象孤单，无力感强烈，还有徘徊感、排斥感，它们表明这些女孩的自我幸福程度不高，自我评价偏低，从心理学的角度来看，她们对自己的期待值不符合儿童心理发展预期。

如果深层分析，可以发现她们的原生家庭可能存在着自我幸福感的缺失。也就是说，家庭是她们内心幸福感缺乏的最大诱因。这样的孩子，内心脆弱，过分关注别人，不了解自己，容易自暴自弃，患得患失，如果成绩不符合心理预期，就容易出现行为反差。

●结论与对策

我又结合这些孩子的成绩进行了比对，发现相对而言，成绩较好的学生自我幸福感高于成绩差的学生。

女孩子的幸福感是学习和生活的动力，幸福感缺失和父母的家庭教育有关。如果家庭中抱怨过多，则容易诱发幸福感缺失的孤僻性格。对这类孩子，父母要学习给她们拥抱，学会宽容她们，学会真心和她们聊天，尤其是妈妈，不要用挑剔的眼光看待她们。要试着学会不拘小节，尤其是对生活细节问题不要过分严格，诸如房间太乱、不收拾床铺等，要切忌埋怨。

而对于阳光灿烂的孩子来说，父母要做的就是放手给她们事情做，充分信任她们，给她们派发各种任务，适当适时地锻炼她们，使她们体会到自己的价值，发挥自己的作用。

●能量环的使用方法及步骤

1. 对于幸福感缺失的女孩，家长和她一起，将能量环戴在右手上，并告诉她：这是我爱你的力量。我永远不会离开你。你会充满力量。遇到困难，感到不快乐时，就闭上眼睛感受这种力量。

2. 如果家长出现愤怒或者呵斥孩子的情形，就将自己的能量环换到左手上，通过这样的做法来觉察自己，提醒自己，调整自己的心态。

3. 如果发现一天当中调换了无数次，就要注意进行相关的心理训练。（后续的章节中会继续讲到。）

你知道孩子不幸福吗？

小宝是个身材略显肥大的孩子。虽说他只有11岁，但那一身的力气，看起来十分厉害。据说，在学校里他是个狠角色，要是有人不小心踩了他的脚，准保会被他狠狠地痛骂一顿，而且他会露出凶狠的样子威胁说："找死啊，下次别让我撞见你！"女生们看见他都会露出嫌恶的表情。

被奶奶送来的时候，小宝刚刚被学校老师罚站了一个下午。因为他从家里偷走了50元钱，躲到网吧里玩了一天。奶奶说，小宝是个不幸的孩子，妈妈在他2岁的时候生病去世了，爸爸很快就成立了新家庭，生了一个弟弟，他只能由年迈的奶奶一手带大。可是奶奶只能照顾到小宝的吃喝拉撒，管不了更多。每次他在学校里闯祸犯错，爸爸就会将他打一顿。奇怪的是，不管怎么打他，他还是没少犯错。这让爸爸和奶奶苦恼不已。

小宝说，在他的印象里没有妈妈，不知道有妈的滋味是什么样的。说到这里他一脸漠然。

我说："你没有妈妈，可是你有个疼爱你的奶奶。她满头白发，走路颤颤巍巍，总是风里雨里送你上学读书。她脸上的皱纹就是对你的爱的见证。"小宝听着听着，眼泪流满了双颊，他也不知道擦一擦。

我说："你别怕，老师喜欢你，相信你是个好孩子。"小宝哭得越发厉害了。但哭了一会儿，他马上恢复了常态，满不在乎地说："我是什么人我知道。不会有人喜欢我的。"

我微笑地看着他说："我知道你是个好孩子。因为你昨晚做了一个噩梦。梦里你在被人追赶。"他吓了一跳，惊讶地望着我。因为我猜对了。我说："你心里恐惧、害怕，对吗？你知道自己错了，对吗？你只是想要你的爸爸生气，让他看到你的存在，对吗？"

他点了点头。

其实，在小宝的内心深处，一直在试图让爸爸看到他的存在，但在他的意识里，只有犯错才能吸引爸爸的目光，于是，他陷入了哪怕挨打也要被爸爸关注的恶性循环中。噩梦不断，就是他内心极度缺乏安全感的证明。

类似小宝这样的孩子，还有很多很多。这让我感到责任重大，肩上的担子陡然沉了起来，我在心里祈祷，希望这世上能多一些走进孩子心灵的家长。

【心理小测试】

上课了，我在黑板上写了几个大字：请闭上眼睛想象一座房子，然后画出来。

孩子们知道我的心理测试开始了，都异常兴奋，安静地想了一会儿，拿出五彩的水笔，根据各自的喜好，挑选所喜欢的颜色画了起来。

我要求大家画完房子之后要回答这些问题：房子里有什么人？光线怎么样？房子里是热闹的还是冷清的？是温暖的还是寒冷的？屋子里有什么是自己喜欢的东西吗？

【心理小贴士】

房子象征着家庭中的亲子关系，同时也是家庭幸福感的象征。在这里我想通过绘画，来测试孩子内心的家庭关系，更深一层了解孩子的童年忧伤，以此找到问题的根源。

【测试结果】

房子的形状和着色不同，代表着孩子内心深处家庭幸福感的个体差异。那么，孩子们到底画出了怎样的房子呢？为了系统弄清楚其中的差异，我还是按照之前的方法，分成了两类。

阳光充足的房子温暖热闹

女孩朵朵画了一片草地，在草地旁边的一个开阔的地方有一座色彩缤纷的房子。屋顶是温暖的红色，窗户是黄色的，门前有路，房顶还留着小小的烟囱，冒着袅袅的炊烟。她说："房子里的光线很好。房子里住着爸爸妈妈，还有我。屋子里很干净，也很温暖，热闹得很，总是欢笑声不断。"

男孩闹闹也在开阔的地方画了一座尖顶的房子。屋顶是醒目的红色，门窗也是红色，绿色的草坪，有烟囱，还有敞开的门窗。他说："屋子里的阳光很好，屋子里也很热闹，充满了欢乐。我喜欢这个房子里的一切。"

女孩天天画了一座三层的小楼，墙面是青绿色，窗户是开着的，门也是开着的，而且是温暖的黄色。她说："房子里光线明亮，阳光可以照射进来。屋子里住着很多亲人，他们都高高兴兴，有说有笑，有时候围坐在一起做游戏，非常快乐。我很喜欢。"

女孩西西画了一个美丽的花园。花园旁边有一座房子，房子的屋顶是绿色的，门窗是红色的。烟囱也是一种温暖的黄色。她说："屋子很漂亮，住着很多人，大家在热烈地讨论什么，很开心地说着笑着。我在屋子里摆了好多好看的花儿，我特别喜欢它们。"

● **心理分析**

在这些孩子的内心意象中，五颜六色的房子是建在开阔地带，房子里有充足的阳光，还有居住在一起的亲人，有欢声笑语，有温暖和快乐。这些足以证明在孩子的内心深处有多么幸福和满足。

这些丰富的意象和色彩，也表现出孩子对自己的家庭是比较满意的。而家庭的幸福，也给孩子传递了自给自足的快乐。他感受到屋子里充满欢笑，是因为他内心里充满了欢笑。房子是五彩缤纷的，门窗也是敞开的，这代表着他愿意向外界伸展，愿意敞开心扉，接纳一切，他是开放的，有发展的动机和愿望。这也正是家庭幸福感所给予的心灵能量。

记忆蒙尘的木屋孤独冷清

男孩刚刚画的房子，让人觉得有些奇怪。它不是盖在开阔地带的平地上，而是在一座山头上，下面有湍急的河水，房子是灰黑的颜色，似乎隔着很久远的年代，看起来十分沧桑，缺乏一种稳定感。他说："这是记忆里小时候的房子，已经很陈旧了。屋子里的光线也不好，窗户已经坏了，门紧闭着。现在房子里没有人来住，很冷清、寂静。"

女孩心心画了一座小木屋。屋顶没有颜色，只有门窗是有颜色的，可惜是那种灰灰的颜色。窗户很小。她说："这是我记忆里的房子，已经好久没有人住了。里面到处都是灰尘，以前的人都不知道到哪里去了。这是一个没有快乐、没有温暖的屋子，连门都打不开了。"

男孩豆豆画了一座灰色的房子。没有涂色，也没有门窗，更为奇怪的是，他说这个房子里什么人都没有，而且最好永远都没有人住。这只是一个孤零零的房子而已。

女孩乐乐把画好的画拿过来，在白纸上没有房子，她画了人，那是一个小女孩被一个人背着，旁边站着一个女人。她说，我没有房子可以画。待在房子里有什么意思？我讨厌房子。我想画的是，人永远待在外面的世界里，待在野外，不要房子。我被爸爸背着，妈妈站在旁边，我们在游戏。

●心理分析

这类孩子画的房子和第一类孩子画的房子是截然不同的。我们可以看到，它们不但孤绝冷清，而且仿佛停留在久远的回忆里。

房子代表心灵的空间，同时也是家庭幸福感的体现，在这些意象中，我们可以解读到孩子心灵空间的逼仄、老旧，甚至可以看到孩子的郁闷和无奈。他生活在记忆里，有时候凭借记忆来感知温暖。

而那个不画房子的女孩，更是直接切断了自己与亲情的联系，内心不愿意预留空间，不敢面对自己的心灵，更不敢面对父母的心灵空间，导致的结果就是迷茫、恐慌、彷徨、自卑、不知所措。为了逃避这种迷茫和恐慌，她拒绝长大，希望一直活在父母温暖脊背的幻想里，这是典型的成长恐惧。不愿意成长，这是他面对外在世界的唯一方式。正像乐乐说的那样，家里的氛围太压抑，太冷清，她不想待在家里，只想逃到外面去。

我问她："难道家里都没人吗？你的爸爸妈妈呢？"

乐乐说："爸爸妈妈都在家。但是他们一个待在电脑旁做自己的事情，一个待在厨房里做自己的家务，他们都有自己的事情要做。可是我不知道要做什么。我只有看电视。可是我一看电视，爸爸妈妈就会骂我。我不知道该做什么才好。我不愿意要大房子，大家都不待在房子里多好啊。"

在乐乐看来，不幸福的根源在于房子。实际上，这是她为了逃避内心恐惧而制造的烟雾而已。她需要的是父母无条件的陪伴，但对于父母来说，根本无法做到24小时的全程陪护。她只有将问题归咎于房子，以房子来投射自己的失落和恐惧。

如果乐乐的父母能告诉她，每个人都必须并且也能够找到自己想做的事情，从做事当中感受快乐和幸福，并且带领她找到一个喜欢做的事情，那么乐乐会找到一个好的通道，将自己的孤单和寂寞释放出去，她的恐惧感也就不会再出现了，家庭幸福感也会油然而生。

●结论与对策

对于内心幸福感较强的孩子来说，每个家长都是孩子出色的玩伴和朋友。在相伴的岁月里，他们给孩子创造了良好的家庭氛围，营造出真实的幸福感，这是孩子一生取之不尽、用之不竭的财富，也是彼此相亲相爱的坚强基石。

对于内心孤绝冷清的孩子来说，家长要做的就是冷静面对，敢于自我审视，重建自己心灵的家园，当自己有了足够的爱的能量之后，才能有力量将爱输送给孩子，用爱来温暖孩子的心。

这里有几点建议：

首先是抽出时间来陪孩子，比如多和孩子聊天，陪孩子看动画片，带孩子出去玩等。在陪伴的过程中，切忌三心二意，心不在焉，要保证这种陪伴是有质量的。何谓有质量？也就是说，不要附加任何条件，更不能借着陪伴来和孩子做交换，更不能轻易贴上负面的标签，类似"你到底会不会玩？""你能不能不要像学习一样磨磨蹭蹭"，这样的话都是非常伤人的。

其次，可以选择合适的时间，同孩子进行协同式游戏，比如做手工、下棋、打牌等活动。在协同游戏中，将自己的观点亮出来，比如要遵守规则，不能随便悔棋，要静心专注等，通过精心的游戏互动，将正确的价值观在悄无声息中进行渗透。

再次，家长一定要注意，家是一个避风的港湾，不是你对我错的辩论场。正所谓"己所不欲，勿施于人"。当孩子承受着成绩不好的压力，在学校里得不到老师和同学的尊重时，那是一种怎样的滋味？他内心肯定是不好受的。此时需要的不是生硬的指责和武断的评价，而是需要温暖的鼓励和呵护。

作为孩子一生的保护人，父母都有义务关照并呵护孩子那颗弱小的自尊心和好胜心，轻轻地告诉他："不要害怕，不要担心，不管发生什么，无论何时何地，我都会相信你。你是最棒的，努力就会有结果！"试想一下，当孩子疲惫困惑、满身伤痕回到家里的时候，能得到这样不离不弃的承诺和安慰，他又怎么舍得逃离这里呢？

●能量环的使用方法及步骤

1.如果是内心存有幸福感的孩子，家长要和他一起，将能量环戴在右手上。他戴在手上，就意味着可以做一些事情来锻炼自己，比如主动做家务，整理内务；父母戴在右手上，意味着要耐心倾听孩子的想法，尊重孩子的决定，不强加干涉孩子，不代替孩子做决定。

2. 如果是内心缺乏幸福感的孩子，家长要和孩子一起将能量环戴在右手上，并不断给孩子承诺：在我内心深处，我永远都会爱你的。你会越来越好。并且在生活中，要不断给予孩子鼓励和关注，从给孩子微笑开始，或者是一个小小的点赞、孩子在落泪时的一个拥抱。

你知道孩子自卑吗？

谈到自卑情结，在这里不得不提的就是著名的心理学家阿德勒。

1870年，阿德勒出生在一个米谷商人的家庭里。他的家境富裕，全家都热爱音乐，但是他觉得他的童年生活是不快乐的。不快乐的原因来自他的哥哥。

阿德勒在家中排行老二，哥哥是母亲的宠儿，虽然他的父亲比较宠爱他，可是阿德勒却觉得不管多么努力，都赶不上哥哥的成就。他自小患有驼背，行动不便，而哥哥行动自如，又高又帅，这使得他觉得自己又小又丑，自惭形秽。

1907年，阿德勒发表了有关身体缺陷引起的自卑感及补偿其的论文，从而使他声名大噪。他认为，由身体缺陷或者其他原因所引起的自卑，不仅能摧毁一个人，使人自甘堕落或者催生精神病，在另一方面，它还能使人发愤图强，力求振作，来补偿自己的弱点。

例如，美国的罗斯福总统，患有小儿麻痹症，其奋斗事迹家喻户晓。有时候，一方面的缺陷会使人转而在另一方面求取补偿，从而获得成功。例如，尼采身体羸弱，可是他写下不朽的权力哲学。诸如此类的例子在文学史上或者在历史上不胜枚举。

在后来的实践中，阿德勒体会到，不管有没有器官上的缺陷，儿童的自卑感总是一种普遍存在的事实，因为他们身体弱小，必须依赖大人生活，而且一举一动都受制于大人。当儿童们利用这种自卑感作为逃避他们本能够做的事情的借口时，他们便会发展出精神病倾向，比如装病逃学、装病逃避现实等。如果儿童的自卑感在以后的生活中继续存在的话，它便会构成自卑情结，但这并不意味着自卑感就是变态的象征。事实上，自卑感是一个人在追求优越地位时一种正常的心理发展进程。

第一次世界大战后，阿德勒在维亚纳的教育机构中从事儿童辅导工作，他发现，他的这个观点不仅适用于父母和子女之间的关系，而且可以涵盖师生关系。此后他的思想影响了很多的教育者，甚至，促成了很多人成长为个体心理学家。

阿德勒的思想形成，来源于他自身的实践。他上小学的时候，数学成绩一直很差，在班级里老师很不喜欢他，甚至还有些瞧不起他，他的内心十分自卑，直到有一天，老师在黑板上出了一道难题，并且明确地告诉大家这道题很少有人能算出来。

教室里，当大家都在冥思苦想找不到方法的时候，阿德勒一下子茅塞顿开，不仅理清了思路，而且还算出了完美的答案。这件事情让老师和同学都对他刮目相看。从此以后，阿德勒发现自己并没有想象中的那么糟糕、那么愚笨，他重新找回了自信，也就是从那个时候开始，他真正跨越了自卑。

有时候自卑并不是一个贬义词，而是一个人在未来成长和发展中必须有的一个加速器。没有自卑，我们可能就看不到自己多么富有勇气；没有自卑，我们就不知道未来还有许多潜力等着自己去挖掘。心理学家阿德勒让我们相信，跨越一步，只要一小步，孩子就可以利用内心的自卑抓住成功的契机。

一个孩子在他出生的时候，他的心灵是纯洁的白色，然而经过了岁月的沉淀、家庭教育的熏染，早已失去原有的颜色。在每个孩子的内心深处，或多或少都留存着一个自卑的情结。

【心理小测试】

这是一个萧瑟的秋日，风有些凉，吹落一地的树叶，远远看去，到处都是一派肃穆肃杀的感觉。

我采用了问卷法的形式，测试孩子们的自卑情结。在这之前，有些自卑情结相当严重的学生，都能够通过鼓励变得自信起来，大胆起来。这次测试，我想了解孩子们在哪些方面最容易产生自卑情结，是如何超越自己的自卑的。

大家听说又要开始测试，便马上兴奋起来。就像神秘的游戏一样，让每个人都变得紧张而又好奇。

我在问卷上设计了10个开放性的问题。

1. 你最怕别人说你什么？为什么？

2. 你最害怕的人是谁？为什么？

3. 你最害怕的事情是什么？为什么？

4. 你有被别人取笑的经历吗？说出来。

5. 写出自己的优点，最少写出五条。

6. 你最尊敬的人是谁？为什么？

7. 写出你被别人表扬的经历，写得越详细越好。

8. 你做自己喜欢的事情时，如果被别人嘲笑，你会放弃吗？为什么？

9. 你觉得自己是大家喜欢的人还是大家讨厌的人？为什么？

10. 假如要你签发一张奖状，由你自己来任意颁发，你会颁给自己吗？为什么？

另外，我也设计了10个相对封闭性的问答题，要求用"是"或者"否"来作答。

1. 你是否得到过很多次奖励，或者得到别人的夸奖？

2. 你是否被别人嘲笑或者被批评过很多次？

3. 你是否觉得自己很聪明？

4. 如果别人嘲笑你，你是否会觉得自己很差劲？

5. 你是否觉得自己在家里是个好孩子？

6. 你是否觉得父母很喜欢你？

7. 你是否觉得老师很喜欢你？

8. 你是否觉得同学很喜欢你？

9. 你是否觉得自己很优秀？

10. 你是否觉得自己可以克服身边的困难？

屋子里很快安静下来。大家都遵照我的要求，闭上眼睛安静地想着，然后拿起笔，将答案写下来。

【心理小贴士】

自卑与自信并不是与生俱来的，而是在后天事件或者后天情景的影响下产生的，有的可能是因为某种突发事件留存在记忆中而成为潜伏的阴影，有的可能是受到家庭模式的熏染，有的是因为受到外界人际关系的刺激。自信的孩子性格随和，开朗大方，不会轻易受到他人评判的影响，较为坚持自我，心态比较好。自卑的孩子心理补偿性过强，过分要求别人关注，患得患失，内心容易引发矛盾冲突，我们来看看测试结果吧。

【测试结果】

根据每个孩子的不同表现，我将其分成了两大类。

积极正面的生活经历，促成了自信的内心体验

女孩文文在问卷中这样写道：

1. 我没有害怕别人说什么，妈妈说如果犯了错也没什么，只要下次改正就行了。

2. 我没有最害怕的人，因为我觉得大家都很和善，很爱我，包括老师和我的亲人。

3. 我喜欢做的事情很多，但是没有害怕做的事情，因为就算是害怕，妈妈说只要有信心做，就不会害怕了。

4. 我好像没有被别人取笑的经历，因为我觉得，他们笑我，并没有想笑话我，只是觉得我可爱而已。

5. 我的优点很多，我会下棋，会跳舞，会写作文，还会帮助妈妈干家务，我还会演讲。老师说，我的书法也不错。

6. 我最尊敬的人是我的父母，因为他们生了我，而且一直细心地教导我，从不随意打骂我。

7. 我被别人表扬的经历很多，有包饺子、滑冰、骑自行车、收拾房间、自己梳小辫儿、写作文等。

8. 我不会放弃自己喜欢做的事情，更不会在意别人的嘲笑，而且我认为，别人的嘲笑是没有意义的，我就当他们是在给我加油。

9. 我觉得自己是讨人喜欢的人，因为我很快乐，我会把快乐和大家分

享，大家没有理由讨厌我。

10. 我会给自己颁发奖状，因为，我觉得自己可以做得很好，我要给自己加油。

在封闭型的问卷中，她的答案和开放型问卷的答案是相互匹配的，也是一致的。

男孩奇奇在问卷中这样写道：

1. 别人说什么我都不害怕，但是我想知道，他们说的有多少是真实的。

2. 我最害怕的人不存在，因为我觉得自己可以战胜恐惧，而且不会有人要打我。

3. 没有最害怕做的事情，因为我总是做我喜欢做的，学习也是。

4. 我感觉自己被人取笑是因为有次我溜冰溜得太慢了，不过很快我就赶上来了。

5. 我的优点很多，我比较胆大，爱学习，爱看书，写作业也很快，身体很好，还会踢球，在运动会上我跑得最快。

6. 我最尊敬的人是我的老师，因为老师总是教给我知识，总是那么爱我。

7. 我被表扬的次数很多，比如有一次，我大声回答问题，回答后妈妈非常高兴地拥抱了我。

8. 我不会放弃自己喜欢做的事情，做事就是为了自己开心，随便别人怎么说，只要是对的，我都会接受。

9. 我觉得自己是讨人喜欢的人，因为我很有幽默感，大家喜欢听我说笑话。

10. 我会把奖杯颁给自己，也会颁给我的老师或者父母，大家都很优秀。

在封闭式问卷中，他的答案和开放式答案是一致的。

●**心理分析**

在这两个答案中，尽管两个人略有不同，但是我们仍然可以发现，他们的内心十分光明，对自己的评价也都是十分积极的。从回答中我们可以看到，这些孩子不是没有被批评过，但是表扬的次数在他们的记忆当中远远大于被批评的次数。这说明了什么呢？很显然，正面积极的引导、鼓励和表扬的声音，盖过了指责和消极的声音，能够让孩子在成长的过程中学会公正地看待自己，通过积极的自我暗示抵御外在世界的干扰，多看到自己的长处，并乐于去尝试，这就是超越了自卑。

无疑，孩子的答案给了我们反思的机会。一个充满自信的良好性格，并不是生来就有的，也绝非偶然就能够形成的，而是循着时间的轨迹，一步一步、一点一滴积累而成的，这些良好的心理素质、积极向上的精神面貌，都来自父母和老师的精心培养和无形渗透。如果没有了父母和老师的良好熏陶，经常接收到的是负面消极的信息，孩子的心灵会是怎样的呢？

消极负面的生活经历，促成了自卑的内心体验

女孩飞飞在问卷中是这样回答的：

1. 我最怕别人说我笨，因为爸爸妈妈经常这样骂我。

2. 我最害怕的人是妈妈，因为她总是说我成绩不好。

3. 我最怕做的事情是吃饭，因为一到吃饭的时候爸爸妈妈总会说我的成绩丢人。

4. 有。记得有一次，家里来客人了，爸爸妈妈当着客人的面说我的成绩太差叫他们很丢脸，我觉得自己是他们的累赘。

5. 我不知道我的优点是什么。妈妈说，她为有我这样的女儿感到羞耻。

6. 我没有尊敬的人，因为没有人喜欢我，我也不喜欢他们。

7. 不记得了，好像没有。

8. 被别人嘲笑的时候，我什么都不会做的，我没有喜欢的事情，因为他们说我老是做错事。

9. 我觉得自己是大家讨厌的人，因为我成绩不好，影响班级的名次，拖班里的后腿。

10. 不会，我没有什么地方是出色的。

在封闭式答卷中，她是这样回答的：

1. 否。

2. 是。

3. 否。

4. 是。

5. 否。

6. 否。

7. 否。

8. 否。

9. 否。

10. 否。

● **心理分析**

从这两份问卷中我们可以发现，在孩子的内心深处，那些正面的、积极的东西，几乎消失殆尽，剩下来的是自怨自艾，还有莫名的惊恐和害怕。根据统计发现，具有类似情结的孩子真的不在少数。父母和老师的批评、指责，甚至侮辱，这些大量的负面信息和负面情绪轮番轰炸，孩子因太小，还没有分辨和识别的能力，都会一股脑地将所有的负面情绪收纳进来。他们内心郁积的情绪，无法用语言表达，也无法排泄出来，时间久了，在潜意识深处就接受了这样消极的心理暗示，将失败、痛苦、愚蠢等不利于成长的东西，灌注在自己的言行当中。有什么样的思维就有什么样的结果，就像陷入了恶性循环，越是认为自己不好，就越是不好，孩子苦不堪言，家长也头疼万分。

有心理学家曾经做过一个实验，将同一个班上能力在同一个水平线的学生分成两组，对其中一组的学生进行心理暗示，告诉他们智商较高、天资聪颖。结果发现，这些孩子在未来的学习和生活当中，普遍信心十足，具有上进心，也有很强的抗挫折能力。令人奇怪的是，这些孩子的性格也非常好，不打架不骂人，待人热情，勤奋好学，求知欲强，有团结协作的精神。而另外一组则毫无起色。

这个例子为我们证明了自卑情结的由来。孩子对自我的评价和认知，往往来自老师和父母，因为老师和父母是孩子成长的环境因素，也是孩子心灵成长的内在动力。如果给孩子的是积极正面的评价，孩子接收到的都是"好的，我可以的，我能行的"，那么他对自己的认定也会是正面积极的。可见，父母在帮助孩子认识自己的过程中，扮演着多么重要的角色。千万不要认为，说一句"你笨死了"，就像一阵大风，刮过就没了，对孩子来说那就是一次龙卷风，甚至是一次地震，每个家长都有责任也有义务保护孩子幼小的心灵，呵护他们稚嫩的自尊心。

● 结论与对策：

通过测试，我们对孩子的自卑成因已经有所了解。在这里，我再总结一下：

首先，孩子的自卑情绪来源于家庭或者学校，最重要的是，家庭中父母的挑剔、过分批评、负面情绪的抛洒，给孩子带来了难以弥补的心灵创伤。

其次，当孩子产生了自卑情结时，家长不要害怕，不要惊慌，而是要从正面引导开始，让孩子获得超越自卑的能力。

那么如何才能让孩子拥有超越自卑的能力呢？

第一，放下家长的身份，和孩子平等对话，让孩子感受久违的亲情，在温暖的接纳中，将自己的心里话和父母交流。不要问孩子在想什么，而是要和他聊一聊生活中发生的趣事儿，在点点滴滴中，一步一步让彼此的关系越来越近。

第二，不要过多评价孩子。不管是跟孩子做游戏，还是带孩子出去玩，孩子出了什么差错，一定不要说："你怎么回事？""你能不能聪明点？""你能不能长点儿心眼儿？""你能不能用用脑子？"这些都是隐晦的负面评价，会给孩子制造恐慌，不利于孩子的成长。

第三，不要拿孩子最担心的事儿来刺激他们。很多家长为了激励孩子学习，常常会拿老师或者爸爸的惩罚来吓唬孩子，让孩子无法获得稳定的情绪而变得焦虑。

第四，选择最合适的时间，谈孩子敏感的问题。很多家长会在饭桌上跟孩子谈成绩，孩子无从逃避，人虽然坐在那里，听家长的数落，但是心理上极为排斥，时间久了就会形成厌食症。

●能量环的使用方法及步骤

首先，父母和孩子都将能量环戴在右手上，目的是鼓励对方进行改变。父母要改变对待孩子的方式，当出现想要责骂孩子的情绪时，可以将能量环调整到左手上，认识到自己并没有站在公平的立场上去考虑孩子，需要深呼吸，让自己冷静下来。对孩子说不是他的错、没关系、可以再来一次。

其次，孩子出现错误的时候，觉得自己什么都做不好的时候，或者是遇到失败的时候，就要多想想父母亲对自己的信任和爱，多给自己一些鼓励，告诉自己"我能行"。

你知道孩子"喜欢"抱怨吗？

小玲在班级里成绩属于中等偏下，不算好，也不算坏。但是她有个非常明显的毛病，让很多老师和学生都非常反感。到底是什么毛病呢？就是容易发火，暴怒，拿她自己的话说，叫作受不得别人的一点委屈。其实，别人根本就没有给她委屈，往往是因为一句无心之言，她就会暴跳如雷，愤怒地狂拍桌子。如果某位老师稍微批评几句，她也会跟自己生闷气，要么走出教室在外面一站就是半天，任凭老师怎么哄都不行。

她刚来我这里学习潜能开发课程的时候，有一次，有个男生说了她几句，也不能说是侮辱批评，只是带有开玩笑的话语，她就立刻发作起来，不管不顾地在课堂上闹起来，拍桌子、大骂对方，怒目而视，站在那里瞪着对方就是不肯坐下来，后来那位同学跟她认错道歉，她还是不依不饶，不肯停止。

像小玲这样的情况，拿我们的口头语来说就叫"耍泼"。在生活中这样的孩子比比皆是，面对别人的批评，或者对方和他的意见不一致，就会大发雷霆，摔东西，不依不饶，直到对方对他没辙，乖乖投降为止。

仔细分析这些孩子的行为背后，可以看出有这样的一个心理模式：你说我不好，我就让你也不好过。在这些孩子的心理当中，大部分是负面的抱怨情绪，一旦遭到自我否定，负能量立刻上升，"泼妇"附身，怨气冲天，宁可让自己对不起人，也不允许别人对不起他。

●心理分析

家长是孩子的老师，孩子是家长的影子。一个负能量满满、只会抱怨、耍泼的孩子，从他身上折射出来的一个主要问题就是，父母一定也是负能量满满、耍泼打横、习以为常。

下面我们来分析一下，家长是如何影响孩子，让孩子形成这样的心理模式的：

其一，家长不经意的抱怨，让孩子养成了消极看待问题的思维模式。

我们都知道，在家庭教育中最重要的，不是家长能教给孩子什么，而是家长能让孩子看见自己在做什么、怎么做。身教胜于言传，这个道理我们都非常清楚。孩子的好奇心和模仿能力都非常强，见样学样，见人说人话，见鬼说鬼话。父母的榜样作用，对孩子的影响是非常巨大的。如果父母起了一个坏的开头，那么这个孩子想要有一个正向的、积极的影响，恐怕是很难做到的。

在和孩子相处的时间里，我经常和他们玩心理游戏，每次都能猜对他们父母说话的语气，包括经常会做的一些动作，以及这些父母对他们说的话。这让每一个孩子都惊讶不已。其实，这并不是难事。孩子就像大人的镜子，从一个孩子身上我们可以看见大人的说话方式、思维模式，也能够清楚地看到大人的处世心态。

有这样一句话，曾经被很多人在微信上转发："如果你觉得孩子缺点多多，那么说明你自己也是缺点多多；如果你觉得孩子十分优秀，那么说明你对自己的感觉也是良好的。"这段话非常直观地说明了一个问题：父母对孩子的判断，往往来自自己本身。大人之所以不能接受孩子的一些所谓的缺点，那是因为他自己本身也有，他本身无法接受自己的缺点。

从心理的角度来说，在每一个父母的内心深处，都有一个内在的父母，这个父母正是早期家庭教育当中父母的原型。如果原生家庭中的父母吹毛求疵，要求严苛，长大成人之后，会化身为我们的内在父母，时时刻刻来监督、评价、指责自己，这时候，原生父母强加给我们的外在约束会变成我们自己对待自己的一种内在约束，慢慢成为成长的桎梏和束缚。

同样的道理，我们原生家庭的父母成为我们内心深处隐形的父母，和父母对立的小孩也成为我们隐形的内在的小孩。也就是说，家长在抱怨的时候，其实是我们的内在的小孩在试图逃避内在父母的追问和苛责。我们内心中的小孩想要逃离，想要反抗，选择了言语上的攻击和抱怨这种方式，这也说明，原生家庭的不当教育让我们在头脑中形成了一种习惯性抱怨的思维。

在小玲的家里，经常会出现抱怨之声。他爸爸生意不好就会生气摔东西。小玲说，有一次，爸爸把家里烧香的菩萨都摔了。小玲还说，爸爸和妈妈经常吵架，每次一吵架，妈妈就会带着她离家出走。她记得很清楚，在她

6岁的时候妈妈还带着她跑到公路上待了一夜。我后来专门考察了一下小玲经常耍泼的对象，他们大多是男孩。也就是说，她妈妈的心理模式（即对男性的不耐烦和阻抗）已经潜移默化地成了小玲的思维模式。

其二，家长经常性的怨气发作，孩子就会下意识地学习，并全部接受。

曾经遇到过这样一个学生，叫小洛。他不但胆量比较小，而且在人际交往中经常扮演受侮辱的角色。即使班里学生都嘲笑他，他也觉得无所谓。这种对他人嘲弄麻木的状态，就是一种被抱怨后习以为常的心理状态。试想一下，当孩子从生下来开始，每天都感受到强大的抱怨磁场，那么身边就会架起一座负面情绪的高塔，孩子的心灵会时刻被禁锢在这样的磁场里，怎能不受到损伤呢？时间长了，性格和人格的不完善也可想而知。

其三，家长将怒气包藏起来，孩子也会受到感染而莫名忧伤。

在日常生活中，可能很多家长已经意识到了，抱怨对孩子的成长不利，所以将很多委屈包藏在心中而从不吐露出来。但是这也是极为有害的。

有一年遇到过这样一个学生，他跟我说自己总是莫名地想要哭泣，内心非常烦躁。后来，我就从他的妈妈身上找原因，结果发现了问题。这个男孩的妈妈追求完美，做事总希望做到尽善尽美，所以内心有很多情感的空洞和负累，却从来找不到人倾诉，也没法释放自己。时间久了，堆积成了一个负能量的磁场，孩子被这磁场所包围和吸引，感到一种难以名状的苦痛。

台湾著名心灵导师赖佩霞在TED演讲中诉说了自己的成长苦痛，她说，小时候妈妈不快乐，每天过得忧心忡忡，她也不敢快乐。在后来的30多年里，她一直抱着"妈妈不快乐，我也不快乐"的心理模式，走得磕磕碰碰——离婚、再婚，总是无法弥补内心的空洞，直到有一天她才发现，问题就在这个伤人的心理模式上。

● 结论与对策

当我们发现孩子有经常性的抱怨情绪时，第一步不是立刻去教导孩子应该怎么做，而是应该就此开始反思自己，问问自己，我的心理模式到底是什么？我的心里到底出了什么问题？然后进行改变。这里可以分几步进行：

其一，调整好情绪。

生活不可能一帆风顺，在困境和磨难面前，选择消极的心态和选择积极的心态将会活出不同的人生。作为家长，有责任也有义务调整好自己的情绪，解决好自己的心理问题，然后轻装上阵，轻松自在地面对生活。遗憾的是，很多家长忘记了自己有选择人生模式的权利，面对生活的困顿，选择了消极抱怨的态度。这样的心理模式，恰恰给孩子树立了一个负面的"榜样"。因此，要解决孩子的问题，当务之急，就是要调整好自己的情绪，让自己停止抱怨，活得积极乐观。

其二，关注并理解孩子的敏感性。

有人问，为什么是同样一双父母教养，兄弟两个或者姐妹两个的性格截然不同，一个消极，一个积极呢？不可否认，在不同个体的成长过程中，存在着个体上的差异。有的孩子天性敏感消极，有的孩子天性积极乐观。作为家长要多多关注并理解孩子，尤其是敏感的孩子要给予更充分的关注和耐心的呵护。

敏感的孩子，大多容易情绪起伏，对别人的批评过分在意，自我防御性比较强烈。尤其对大人的批评容易产生过度反应。在积极乐观的孩子看来是无所谓的事情，对敏感的孩子来说，却会带来巨大的伤害。为了防御外在的伤害，敏感型的孩子就会像浑身长满了刺的刺猬，一旦意识到有人企图靠近，就会通过语言或行为进行抗拒，试图保护自己。这时候，家长就要有意识地改变自己原来的态度，说话要尽量调整频率，和孩子保持在同一个语调和语气上，不能说话太大声，多使用表情语言，营造和善、幽默、诙谐的交谈场景，将孩子从古板的防御模式里带出来。

其三，尽量避免武断评判孩子。

孩子从5岁开始，逐步有了自我意识的萌芽，独立性在逐渐增长，对一些事情开始有了自己的想法。这时候，家长就要密切关注孩子的内心感受，不能只站在自己的角度考虑问题。比如，孩子没有洗头发、洗澡，家长会站在成人的角度，评判这个孩子太懒、太邋遢、不自立，这就是将问题扩大化、标签化。

对孩子本身来说，他还没有建立成人的思维模式，习惯还没有养成，如果我们一味地给他贴上懒惰、不自立的标签，势必给孩子心理上带来压迫感，带来内心的委屈。时间久了，孩子的内心会产生叛逆心理，这就是所谓的代沟问题。代沟的产生来自大人的武断评判，一次、两次以至不断的伤害，让孩子的委屈无处释放，从而导致双方鸿沟的产生，即大人和孩子在心理上的决裂。

●能量环的使用方法及步骤

这次亲子能量环的使用，是要让家长和孩子觉察到自己的抱怨，并进行调整练习，具体步骤如下：

1. 将能量环戴在右手上，和孩子约定不抱怨，不要随便发脾气，要看到事情美好的一面。

2. 一旦出现抱怨的情绪，将能量环立刻换到左手上。观察自己在一天当中调换能量环的次数和频率，慢慢会发现次数减少了。

3. 一开始这个练习是需要很大耐心的。通过频繁更换能量环，能够让家长认识到自己一天当中，会有多长时间停留在抱怨的情绪里。只要认识到自己有抱怨，就有改变的可能。

第二章

看懂孩子的迷茫，给孩子可依偎的肩膀

　　每个孩子都有迷茫的时候，但遗憾的是，他们大多不会像大人那样，有意识地主动去找人帮忙，而是手忙脚乱，像不小心飞进窗子里的小虫，拼命地挣扎、扑腾，却苦于找不到方法和技巧，最终偃旗息鼓。

　　其实，这个时候，如果我们家长能够默默地站在孩子的身后，看懂他们的迷茫，在适当的时候和孩子站到一起，指引着他们，他们就会在成长的路上少走一些弯路，早一点到达幸福的彼岸。

爸妈真的还爱我吗?

男孩小路的学习并不差，理解力非常好，领悟东西也比较快，如果能好好上课的话，成绩应该会非常不错。但事实上并非如此，在班级里他是个讨人嫌的孩子，朋友不多，大部分学生都会到老师那里去"参"他，说他不是今天打了这个，就是明天挠了那个。

小路还喜欢在女生面前装出一副大侠的样子，什么都不在乎，什么都不害怕，看起来非常英雄。他说自己的理想就是做校园里的大佬，人人都得听他的，做他的小兵。

从心理学上来说，小路这种装腔作势的做派，其实正是内心自卑的表现。因为自己内心不强大，所以才要假装成老大，作势吓唬别人。有一次，小路抢了低年级同学的钱，这已经是第五次了，被学校警告要予以开除，他的父母为此焦急万分，却倍感无力。

一个星期后我见到了小路。

他个子不高，体型很瘦，就像是营养不良，但因为身体紧绷，感觉整个人被一种愤怒的情绪所控制，脑袋高高昂起，目光不羁，显得精神很好。

我注视着他的眼睛。人们都说眼睛是心灵的窗户，我从他那里看到的意向非常复杂，有满不在乎、鄙夷、仇恨、执拗、敌意，还有迷茫。他的脖子总是向一个方向歪着，身体很无所谓地抖动着，斜睨着眼睛，仿佛我不存在。

我没有说话，只是静静地看着他。过了一会儿他站立的姿势发生了变化，身子开始斜着朝向某个方向，似乎随时准备拔腿就跑。

我微笑着，用平静的眼神望着他的脚。他停止了抖动，稍微站直了身子，我给他找了一把凳子，让他坐下来。

小路警觉地望着我，很显然，他将我当成了想要对他动用炸弹进行攻击的对象。我能理解到的是，他现在是出于自我保护，准备好随时反击或者逃跑。因此，当我一脸平静，并给他友好的微笑时，他非常意外，眼神里有一丝惊讶。

小路不敢坐，我伸出手来请他坐，他突然捧起双手，下意识地护住了自己的脑袋，虽然只是一个转瞬即逝的动作，但我还是看清楚了。从他的这个动作里，我发现小路很多时候并没有被当成一个还没有长大的孩子，而是一个"囚犯"。

不管犯了什么过错，他还只是个孩子。想到这里我笑了，说："坐下来吧，让我猜猜你的名字。"

小路充满敌意地瞟了我一眼，很快又将目光移开，瞧不起地说道："有什么好猜的，我来的时候，他们什么都告诉你了。"他的声音很冷漠，似乎早就司空见惯了这种"把戏"。说完并不看我，而是将目光投向窗外。

"他们？他们是谁？"我问。小路不再回答我。

看来，这是个"身经百战"的孩子。从他超出同龄儿童的冷静态度，我看得出来，他将每一次和老师的交流当成了一场交锋，为了取得战争的胜利，他采取的就是不合作、不投降的态度。在无数次和大人的对抗中，他变得越来越从容、跋扈。

我知道，如果我也是高高在上、一副想要和他较量的态度，那么我和他的交流，也仅仅是增加了他的战斗经验而已。所以，我最好的办法就是蹲下来，平视他的眼睛，平等地对待他，走进他最柔软的内心里去。

他毕竟是个有好奇心的孩子。

我并没有恼怒，微笑地说道："好吧，我知道了，你也不想跟我说话，看来你是久经沙场的老战士，心里有一个铜墙铁壁，谁也打不过你，对吧？"

小路还是没有说话。

我继续说道："好吧，那我就不打破你的铜墙铁壁，你就放心地躲在里边吧！我们只是来说一个梦，这总可以吧？"

小路没有说话，我望了望他，说道："那我就当你同意了，我开始说了。"停顿了片刻，我接着说："我猜你昨天晚上一定做了一个梦，你梦见自己在奔跑，好像后面有一群人在追赶你，或者那不是一群人，还有别的什么。"

我停下来，等着小路的反应。他望了我一眼，并没有否认。我接着问道："你跑得很快吗？"小路望着我，似乎在怀疑我的身份，也或者在思考自己要不要投降，他的脸上敌意明显少了，眼珠在转动。

我笑道："你是被狮子或者老虎在追赶，所以跑得很快，非常快，对吗？"

"我掉到水里了。"小路终于憋不住了，他望着我，有些紧张地说道。

我点了点头说："嗯，我知道，你掉到水里，然后你要游泳，想要爬上来，你很累。你经常做到这样的梦对吗？"

小路惊讶地问道："你怎么知道？"这时候，在我眼前的是一个非常好奇的少年，正常得不能再正常，对那些未知的东西，抑制不住好奇，就想问出来。

我笑道："我是心理师啊！怎么可能不知道？其实，你做的事情我都知道原因。你没有错，错的是，有一个很怪的你在教你犯错。"说着，我拿了一张纸来，并在纸上用笔画了起来。

小路好奇地走近我的身边，看着我的图画，惊讶地叫道："老师，你怎么又猜对了呀？"我在纸上画了一个小男孩，然后说道："一看这就是你的样子，但是不要以为这就是你的全部，其实，科学研究发现，每个人的内心里都有两个自己。"

小路越发好奇了，他急切地问道："那么哪个我才是真的？为什么我要犯错？"

我继续用笔描绘了几下，说道："有一个你是聪明的，什么事情都愿意去做，去努力；还有一个你，是什么事情都想随心所欲，不想听老师的话，不想听父母的话，就想无法无天。"

小路点点头说："是，我就是什么都不想做，就是想自由自在。"

我笑了笑，点头说："你想要自由自在，这是没有错的。每个人都想这样。可是你想一想，如果人人都想自由自在，无法无天，那么这个世界会怎样？所以，我们还有另一个自己，就是用来管理这个无法无天的自己。这个自己，能够让我们聪明，能够让我们知道自己该做什么、不该做什么。当我们服从了这个自己，我们就可以做到不去犯错。"

小路的目光黯淡下来，很沮丧地说："可是我已经没有机会了，他们都说我是个坏孩子，连我爸妈也不喜欢我。"

绕了半天，终于找到了问题的关键。在小路的内心深处，有一个深深的伤痕——他认为，爸爸妈妈已经抛弃了他，他是一个弃儿。一个孩子一旦在内心深处认定自己遭受到了家庭的抛弃，他就会在生活中放弃自己，破罐子破摔，直到成为真正的弃儿。

其实，小路一开始并不是一个问题孩子，相反，学习不错，也比较听话。只是到了二年级，有一次在上课的时候乱说话，老师怒气冲冲地把家长叫过来，他的爸爸妈妈非常生气，不分青红皂白地将他痛打了一顿。从此以后，他痛恨上学，痛恨老师，痛恨父母。

好孩子不是天生的，坏孩子也不是天生的，弄清了小路的伤口在哪里，也就找到了医治的办法。

于是我跟小路的家长沟通，希望他们转变思想，从爱孩子的角度出发，客观看待孩子的错误，不要将事态看得很严重，过分放大孩子的错误，要多站在孩子的立场想一想。他还是个未满12岁的孩子，还有很大的可塑性，要细心呵护他的心灵，帮他重新找到自己的方向。

小路的家长也很配合，在以后的日子里，和孩子好好交流，并给了孩子足够的关爱和鼓励。原本小路的家长以为小路可能连小学都上不完，结果这孩子顺利上完了初中，并考入了一所高中。

●**心理分析**

对于一个屡次犯错的孩子来说，与其说他是在犯错，不如说他是在通过一次次的故意找茬，故意犯错，来换取内心的平衡，以弥补从家庭里得不到的爱。更确切点说，这是在孩子遭受误解之后，对父母产生了深深的困惑和怀疑，不知道也不相信自己是否真的被爸爸妈妈爱着。在他的潜意识深处，就是想要通过自己的反差行为，引起大人的注意，以此报复家长，让家长反思自己的行为，给予自己关爱和呵护，确认自己是否值得被爱。

在生活中常常会有这样的家长，在孩子初次犯错的时候，并没有察觉他内心的困惑，而是一而再，再而三地错过最佳教育时机，最终让孩子失去了改正错误的机会。

那么，该如何面对孩子的问题呢？我提出以下建议：

其一，要主动探寻孩子问题的根由。

当孩子出现反差行为的时候，家长不能发怒，而是应该冷静下来，从分析问题开始，找到隐藏在问题背后的深层原因。

比如，孩子爱撒谎，那一定是遭受了很严厉的惩罚；孩子爱打人，那一定是有爱打骂的家庭氛围，家庭成员之间常常刀兵相见。一旦找到孩子问题背后的深层原因，就能够设身处地地站在孩子的立场上，为孩子着想，将孩子和自己拉到同一个轨道里，彼此心理上没有敌对和阻抗，才能进行有效沟通，最终找到有效的解决办法。

其二，要给予孩子尊重和理解，不抛弃不放弃。

人无完人，每个人都会犯错，何况一个孩子？当一个孩子出现了问题时，家长第一步就是要从心理上接受事实真相。

心理学研究发现，我们的认知常常会基于ABC模式：A是指事实真相，就如摄影机拍摄下来的画面。B是指我们对事件的解释，这个解释往往隐藏在意识层面之下，不为我们察觉，常常被误认为是事实本身。C就是我们的反应，其中包括情绪、感觉和行为。在日常生活中，我们只看到了孩子的错误A，于是大发雷霆、大打出手，这是反应C，却没有觉察到，这是我们对孩子的错误反应过激、无限放大，即B。

我们通常认为是孩子的错误引发了愤怒，因此花费了大量的时间和心力来批评孩子，却一直不能静下来想一想，其实正是我们对事件的解释诱发了自身的情绪，导致对孩子的不理解和疯狂的指责。

事实上，此时我们要做的，就是冷静下来，认识到孩子出现问题是正常的，然后端正心态，用宽容和接纳的心，理解孩子此刻的心情。即便有问题，也要抱着不抛弃、不放弃的心态，一路扶持、陪伴，用真爱让孩子感受到自己的过错，并且主动去改正错误。

我真的很笨吗？

有时候给学生上课，我总是故意卖关子，目的是想要判断他们到底有多少自信。像"1+1=2"这样简单的问题，我也会变换神色，假装很生气地问道："你居然认为等于'2'，怎么可能！"原本以为是简单得不能再简单的问题，经过我虚张声势质问，大多数学生都会选择再思考一会儿，有的甚至会马上改口。如果我表情再严厉一些，他们就会开始瞎蒙，有的说是"3"，有的说是"4"。

我发现，像这样的孩子并非一个两个，而是一个普遍存在的现象。这引起了我的思考，为什么这样简单的答案，孩子还要犹豫不决，不敢确定呢？其实孩子犹豫并没有什么错，也不是什么大的问题，我们大可不必担心，但是透过这个现象，我认识到，孩子的犹豫，其实是对权威的畏惧。在家庭教育中，家长扮演的就是权威的角色，在孩子的心目中就像一座大山一样，不可动摇，必须仰望；不能违抗，必须服从。一旦违抗就是错的，这给孩子带来了沉重的压力。

在孩子犹豫不决的背后，我们可以发现，父母权威式的强迫性心理暗示无处不在，几乎贯穿了孩子的整个童年。该穿什么衣服由我们说了算，该梳什么发型由我们说了算，该不该上辅导班由我们说了算，该不该在9点钟以前睡觉也是由我们说了算……

我们掌握着评判孩子好与坏的权利，我们不断地采用各种手段向孩子施压，以加强自己在孩子心目中的权威性。在不知不觉中，孩子逐渐失去了自己的判断能力，迫使他们从大人的愿望和角度出发，对大人的话言听计从，不敢反驳。

当然，有的家长会说，不听话的孩子难道还好吗？到底好不好没有定论，但是起码，我们强势的包办和代替，剥夺了孩子用自己的眼睛看世界的权利，也剥夺了孩子用自己的头脑思考世界的权利。如果说，我们只是为了让孩子听话而要孩子付出失去真实自我的代价，那实在是得不偿失的。

每次跟我谈起女儿的成绩，小丽的家长都非常痛心，一脸恨铁不成钢的表情，说："这个孩子实在是太笨了，我就知道，不管我多么努力，为她付出再多，对她来说都是没有用的。"她的想法让我非常吃惊，世界上的父母真是千奇百怪，这个妈妈居然认为用自己的付出可以换来女儿的成绩，而当交换没有成功之后，她居然还将失败归结于孩子太笨。

小丽是个谨小慎微的女孩，说话的时候总是要先看看对方的表情，从那里获得足够的信息之后，揣摩清楚对方是高兴还是不高兴，她才会慢慢地说话。表达自己的观点时，也常常不敢注视对方的眼睛，甚至不敢看对方的脸。尤其是在上课的时候，有好多次我提问她，在她说完答案之后，我会问她是否确认自己的答案是正确的，她总是会犹豫很久，即便是正确的，有时也会因为我的暗示而放弃自己最初的答案。

有一次我找机会想要跟她交流，她以为我要批评她，迟疑了很久，才走到我身边，站在离我很远的地方。

我招手叫她过来，笑道："你以为老师是老虎吗？难道会吃掉你？"

小丽低着头不敢笑，我俯身过去问道："我观察到你平时学习是很努力的，爸爸妈妈有表扬你吗？"

小丽抬头望着我的脸，小声说道："没有，我妈妈说我很笨，所以我就要比别人多学习一点。"

我问道："那你每天有时间玩吗？"

小丽说："没有，妈妈不会给我时间玩的。"

我问道："你那么听你妈妈的话，心里觉得委屈吗？"

小丽不再低头了，望着我说道："学习不好，妈妈会很生气的，我不想让妈妈难过。"

我想起她妈妈当时拿着她的成绩单，一脸焦虑的样子，心里真的不知道是什么滋味儿。

我问道："你喜欢学习吗？"

小丽点点头，但是很快又有些遗憾地说道："可是我太笨了，我学东西总是很慢，我真的很羡慕那些聪明人。"

我问："你怎么总说自己很笨呢，能举个例子吗？"

小丽说："每次妈妈问我问题，我总是要想好半天。其实，我心里是知道答案的，但就是不敢跟她说。"

● 心理分析

小丽的这种情况，是属于心理性拖延。她并不是不知道答案，而是不喜欢被人所压迫，所以她就使劲地拖延、磨蹭、犹豫，甚至拒绝回答。这证明她并不是真的笨。实际上她有很多兴趣爱好，但是在外力的强加之下，她选择了逃避、叛逆或者抗拒，采取对立的方式，来抵抗大人的权威。

家长往往并不明了其中的问题，只会武断地指责孩子反应慢、脑子笨，这种负面的暗示只会让孩子更加抵触、反感和厌恶，久而久之，会迫使孩子接受并认同这样的暗示。这样的结果无疑是让人心痛的。

结论与对策：

孩子对自己的认识和评价，往往是从父母那里得到的，如果父母能够正确地认识孩子，公正地评价孩子，孩子就不会和父母产生对立，并在和谐的家庭环境中客观地看待自己。

那么，像小丽这样的情况该怎么办呢？

首先，家长要正确地培养孩子的自主能力，让孩子自己动手去做事情，而不是一直盯着成绩单上的分数不放。从做好一道题、写好一篇文章开始，让孩子看到自己的成绩，找到信心和勇气，或者可以写"我能行"日记，每完成一件小事就记在日记里，使孩子一点一滴地积累成就感。

其次，家长一定要注意自己的一言一行，尤其是对孩子说话的时候，一定不要灌输"你很笨""你怎么就不如别人""你本来就不行"这样的信息，而是要给孩子的大脑植入激励暗示语，暗示他们能够学到更多东西，会越来越聪明，这样孩子就不会受到压抑，也不会在父母的焦虑中恐慌、茫然，孩子学习起来也就轻松多了。

失败了，我该怎么办？

小文的家长找到我，说小文平时考试成绩挺好的，但是一遇到大型考试，比如期中考试、期末考试，成绩总是不理想。遇到这样的情况，我们通常都会认为这是家庭教育过于苛刻造成的，但小文的妈妈说，在孩子上学期间从来没有过分要求过成绩，通常只会要求小文按时写作业，鼓励小文考试考高分，并没有给孩子施加什么强制措施。

后来我见到了小文，要求她做一道题，并且要求她在规定的时间内完成。我就在旁边坐着，和家长说话的时候放低了声音，结果小文过了好久都没有做出那道题。其实那道题很简单，是她那个学段里比较基础的题。

我仔细观察，发现问题不在小文不会做这道题，而是她过于敏感，给自己施加了很大的压力，导致无法静心做题，我问小文："是不是你的父母对你要求很高？"她摇了摇头。那么到底是什么导致了小文的压力过大呢？

　　我做了一个小小的实验，只是将题目重新改换了一下，其实类型还是一样的，然后坐到一边，放开音乐，很轻松随意地和家长说话，也没有刻意压低声音，不久，小文就很轻松地把题目做完了。我又要求她把之前的题目也完成，结果小文也顺利完成了任务。

　　这个变化让小文的家长困惑不已，小文也说，自己从来没有在这样轻松的状态下做过题，心情非常放松。我让她回忆一下，在她每次考试之前，家里有没有什么变化。小文想了想，说："每次考试之前，屋子里都会很安静，几乎可以用鸦雀无声来形容。"

　　我问："那大家都不说话吗？"小文说，每逢考试之前，她只要坐到书桌旁，屋子里就会立刻安静下来。有好几次，她看见自己的父母走路都是蹑手蹑脚的，就好像家里有天大的事儿小文都不能被打扰一样。刚开始小文感觉十分不自在，她对父母说根本不需要这样，她能够集中注意力，完全不怕干扰。可是小文的妈妈坚持认为，为了小文的考试，全家都要进入备考状态。

　　于是，在迎接考试的那段时间里，小文的家里总是静悄悄的，大家都为了一个彼此心照不宣的目标，默默地把一份沉重的期待压在了小文的身上。看似父母什么也没有说，但在小文的心里，却有着沉甸甸的压力，这让她感到快要喘不过气来了。

　　小文说，每次看着父母屏气蹑足的样子，心里总会莫名地涌起一种愧疚感，她就在心里暗暗发誓，一定要考出好成绩，为了自己的父母，为了报答他们的期待。就这样，她不断地给自己施压，就好比是一根弹簧，等到压力过大的时候，就会无法承受，弹力过大，弹起来还会伤了自己。

　　于是在失败的成绩面前，小文变得沮丧，而且充满负罪感，她觉得自己是个罪人，对不起父母的良苦用心，更无法向自己的誓言交代，就这样心里的焦虑和罪恶感越积越多，几乎压得她喘不过气来。

　　在小文的内心深处，一直有一个声音在不停呐喊着："我不能失败，我不能失败，我不能失败……"

● 心理分析

像小文这样的情况，他的父母十分不理解：明明自己是想要体谅孩子，不愿意给孩子施压，不想增加孩子的压力，为什么无形中却给孩子带来那么大的困惑和压力呢？我请小文的父母回忆一下，在他们小的时候是不是也有同样的情况。

小文的妈妈点头说："是。当年自己考试的时候，父母为了照顾她，特意为她陪读，而且为了不打扰她，每天尽量都不说话，走路也是静悄悄的。"这些上一辈父母的良苦用心，小文的妈妈也是如法炮制，却没想到带给女儿的是无形的压力。

这个问题给我们的家长敲响了一个警钟——不要强加给孩子刻意的爱！经常会听到家长这样说："我还不是为了孩子好？"是啊，为了孩子好有什么错？没错，可是问题的关键在于，这样做真的能够让孩子放松心情吗？能让孩子不再生活在压抑的内心阴影里吗？我想，很多做父母的很难站在孩子的立场考虑问题。我们常常度量自己的胸怀，却无法真正设身处地地去想想孩子们到底需要什么。

从这个话题引申开来，我们会明白，其实很多时候，对孩子的好往往是我们从一己私利出发的，并没有问过孩子愿不愿意接受，能不能够承受，只是一味地硬塞给孩子，强加给孩子。

冷静下来，反躬自省，我们要知道，哪怕是给孩子的爱，也要想一想她是否真正需要？哪怕是一份期待，我们也该思量一下，孩子是不是能够担得起，放得下？这让我想起了那些连孩子写作业时都要陪在身边的父母们，想起了那些总是在孩子身边寸步不离的父母们，还有那些孩子打架后还要替孩子出头的父母们。父母们有一颗疼爱孩子的心没有错，只是这些并不是孩子真正需要的。换言之，如果对孩子没有正面的引导，也并非孩子所需，那么我们为什么还要给他们呢？我们分明就是在用一根爱的绳索，以爱的名义在束缚孩子的成长，约束孩子的自由，让他们背负着沉重的包袱。

生活中经常会有这样的家长，给孩子钱买各种玩具，带孩子到这个培训班、到那个特长班去学习，你有问过孩子是真的想去学吗？作为父母不能一味地站在自己的立场说自己付出了什么，为了孩子花费了多少精力，这些计较和抱怨都是无济于事的，和一个孩子清算这些，只能说明，我们还没有从真正意义上了解到孩子到底需要什么。

● **结论与对策：**

从小文的故事我们可以看到，父母的本意是好的，既没有对她严加责备，也没有直接提出过高的要求，然而这种危害是隐形的，也是不易察觉的，带给孩子的困扰也是不可避免的，就像掺了水的牛奶，缺乏营养还容易变质。

在这种隐形的压力之下，孩子的内心隐藏着更多的困惑和疑虑，遇到这样的情况，作为家长该怎么办呢？下面我提出几条建议，供家长参考：

1. 多问问孩子最喜欢什么，弄清楚孩子真正想要的是什么，征求孩子的意见。

2. 当孩子提要求的时候，要让孩子说出自己的理由，和孩子一起分析这个要求是否合理，如果是合理的要求，就应该尽量满足，也可以和孩子一起想办法，达成孩子的愿望。

3. 对孩子的学习要多关注，少要求；多帮助，少苛求；多鼓励，少苛责。虽然只是简单的"三多三少"，但要真正做到，还需要家长付出十二分的真诚和耐心。在耐心背后，是家长沉重的爱。

喜欢上"坏"男孩怎么办？

小姜是个外表看起来有些羞涩的女孩。在父母眼中，她乖顺听话，学习勤奋，从来不会做出什么出格的事情。在学校里，她是舞蹈队的骨干，每次都担任领舞的角色，老师和同学们都非常喜欢她。但是最近这段时间，在我的训练课程中，我发现小姜总是心神不定，眼神忧郁。更多的时候，她喜欢一个人发呆。有好几次在上专注力训练课时，她屡次出错，需要我不断地提醒，她才能回过神来。这个还不到12岁的女孩，似乎隐藏着满腹的心事。

这一天，小姜主动来找我，希望我能拯救她。她说自己非常痛苦，吃不好饭，睡不好觉，因为她喜欢上了班级里的那个"坏"男孩。她很害怕，觉得自己犯了罪。面对父母的眼神，她充满了绝望。在一次次痛苦的挣扎里，她不敢告诉父母，却又不知所措。

●心理分析

"早恋"这个名词，对于很多家长来说并不陌生。早在几年前，因为早恋困扰，使得家长和孩子产生对立，最终造成悲剧的案例并不在少数。这几年，随着社会的发展，互联网的普及，孩子们的情感发展也达到了空前的高涨。一些公开的资料显示，孩子对异性的感情萌动比之往年有提前的征兆。

在这样的背景下，很多家长开始怪罪孩子早熟，甚至怪罪社会传播媒介的误导。但事实上，这些也仅仅是外因，最关键的还是取决于内因。那么到底内因何在呢？

首先，父母管教过严，会导致孩子的内在需求形成压抑。我将它叫作"需求压抑"。

小姜告诉我，她的父母从不让她在外面交朋友，平时又很少和她交流。即便有一些交流，内容也仅限于学习，通常也只是关心考试成绩，成绩好，就会夸赞表扬，买礼物表示鼓励；成绩不好，就会语重心长地教导一番，在她的内心深处，其实是非常孤独的。遗憾的是，小姜的父母并没有意识到问题所在，更多的时候，他们都在忙于工作，妈妈虽然是全职在家，但因为小姜还有个弟弟，精力自然不可能全放在小姜的身上，甚至根本没有闲暇的时间来关注她的内心。

事实上，在小学生涯的1～6年里，父母和孩子之间其实一直有一个看不见的管道，这个管道是通过幼儿时期耳鬓厮磨的陪伴架设出来的，它能够保证父母和孩子之间有充分的信任、爱护和依赖，它是给孩子的成长提供动力和源泉的。

事实上，在生活中，没有始终不堵塞的管道，这个道理大家应该明白。因此，在父母和孩子之间，出现管道堵塞也是非常正常的。我们要弄清楚的一点是，到底为什么会出现堵塞。其实问题很简单，管道的畅通是建立在不断疏通的基础上。父母和孩子之间的感情之河是在流动的，如果没有经常的沟通，那么造成堵塞也就在所难免。

有的家庭管道，经常会有疏通和流动，父母和孩子之间的能量在互相交换，就算有一些堵塞，也只是一些小小的疏漏，只要稍加重视，进行疏导就可以了。

但是有些家庭就不同了。父母长年累月地忙碌着各自的工作，只会站在自己的角度考虑问题，认为他们是在很辛苦地挣钱养孩子，根本没有时间和孩子沟通，没有跟孩子交流内心的机会，只是一味地施加各种压力，诸如学习成绩要考到什么程度、不准交什么样的朋友，甚至有的家庭，父母几乎无视孩子的想法，又无视孩子的学习，唯一能做的，仅仅是让孩子吃饱饭、穿好衣。这种过分的关注和过分的忽视，都会让孩子感受到巨大的压力。前者让孩子想要愤怒、逃避，后者让孩子叛逆、抗拒。

久而久之，这个爱的管道没有了营养，不能再给孩子提供源泉和动力，孩子的问题也就接踵而来：厌学、逃学、沉迷网络、早恋，等等。

显而易见，进入小学中高年级的时候，孩子的独立人格开始萌芽并逐渐显现。如果父母没有及时给予沟通和疏导的话，那么由血缘关系建立的这个亲情管道就会面临崩塌的危险。在这个时期，孩子要么选择压抑自己，要么选择向外发泄自己。经常选择压抑的孩子，容易暴躁、易怒、情绪失控等；而选择向外发泄的孩子，则会陷入早恋、沉迷网络、贪图享乐、注重感官的刺激等。

小姜之所以在父母眼中是个乖孩子，就是因为她选择了压抑自己，她用自己外表的假象，掩藏自己的真心。小姜的父母也多次向我诉说困苦，说这个孩子看起来很文静，但是发起脾气来很吓人，固执倔强得厉害。

另外，孩子的敏感行为，使得叛逆变成了"早恋"。

一旦孩子在内心深处和大人产生了隔阂，就会从心理上和大人疏远，并拒绝和大人进行交流。这个时候，父母和孩子之间的亲情管道已经严重堵塞了。遗憾的是，很多家长仍然毫不知情，滥用权威，不停地给孩子施加压力，企图通过武力来限制孩子的行动自由，剥夺孩子的意志自由，意图缓和彼此之间的关系。殊不知，这样的做法就好比是给一根弹簧施压，不但于事无补，而且会大大增强弹簧的反弹力。

哪里有压迫，哪里就有反抗。这是人的本能使然，对孩子也是如此。因为心理上的不平衡，所以一定是要找到一个出口，否则他的心理将无法承受。那么，这个出口会在哪里呢？

对小姜这样敏感的女孩来说，身边的男孩无疑是很好的选译。小姜说，她也弄不清楚自己是怎么回事，不知不觉地喜欢上了这个霸气、口无遮拦、随心所欲的"坏"男孩。我们仔细分析一下，不难发现，其实这个所谓的"坏"，在小姜的眼里代表的是另一种含义，那就是她最渴望的叛逆。

正因为在父母那里只有深深的压抑，得不到交流沟通的爱，她内心里充满了渴望，渴望被接纳，被认识，被看见，这就是小姜认定的一种"爱"。她将这种"爱"的渴望投射在同班的男孩身上，这个男孩正好代表了一种和小姜家教模式全然不同的人格：叛逆、大胆、桀骜不驯。这些特征都正好满足了小姜想要叛逆的心理需求。

在心理学上讲，这叫作投射。孩子"爱"的其实并不是那个男孩本身，而是男孩所具有的那种人格。在那种人格当中，有孩子渴望拥有的人格，正因为她没有勇气做到那些，所以才会痴狂地想要得到，并由此不知不觉地陷入"情网"。事实上，这种想象和投射出来的所谓的"爱情"是非常不牢靠的，她耗费的是一个孩子的心力，最终也会化为泡影。因为，在这个虚幻的"爱"中，她是在仰望别人。

●结论与对策

当孩子陷入早恋时，家长产生恐慌和愤怒的情绪，实属正常。但仔细梳理，你会发现，这种情绪更多是来自自我的投射。你要分析自己的愤怒是出于何种原因。你可曾想过，孩子是一个独立的个体，他产生向外求的感情，这并没有什么错，也无可厚非。尽管就其年龄来说，这种向外求的感情来得太早了一点。

另一方面，家长也要认识到，只有先控制好自己的情绪，安抚好自己的内心，才有能力做到冷静。唯有冷静，才能平心静气地对待早恋这件看起来"大逆不道"的"荒唐之事"。

是的。你一定要冷静。

冷静是你唯一要做的，也是你唯一能够做到的最正确的处理办法。只有冷静，才能耐心面对这不可思议的"背叛。"只有冷静，你才能有智慧帮助孩子面对一生中这个最重要的课题。那么，怎样才能冷静？什么才是真正的冷静？

冷静，就是要站在孩子的立场，去考虑他的情绪，去体会和理解他的心理状态。这个时候，孩子很无助，很迷茫。他需要的不是责骂，不是野蛮的阻挠，而是开诚布公的坦诚，是推心置腹的面对和接纳。

冷静，就是你要意识到你是大人，他还只是个孩子。失败的大人，往往强压给孩子不需要的；真正有爱的大人，会提供给孩子最需要的滋养。在这个特殊的时期，你不能做点炮的"火药筒"，更不能做葬送孩子独立人格的"刽子手"。

不可否认，当你发现孩子陷入早恋，你将面临人生中一次大的挑战。因为这是对你整个人生和家教生涯的一次颠覆，同时也是你真心关爱孩子的一个机会。在未来漫长的人生岁月里，你会因为一次正确的早恋疏导，给孩子带来终身的心灵滋养。

你一定要明确，孩子之所以陷入早恋，最本质的原因在于，孩子渴望被关爱，渴望获得全部的接纳，渴望过得自由。换言之，孩子在你那里没有得到过全部的接纳和自由，他对你充满了失望。所以，你要放手给孩子这些自由，让他感受到家庭的重要，让他做一个真正的孩子，拥有真正的童年时光。

等想明白了这一切问题，你就可以着手和孩子进行一次畅谈了。你需要敞开心扉，和孩子聊聊有关你自己的故事，有关孩子童年的那些往事，他当初多么可爱、多么活泼、多么勇敢。你会平静而温和地告诉他："现在仍然没有变，你还是原来的那个你，还是之前的那个小孩子。我很爱你，我的小宝贝。"

这个时候，作为大人的你，不再是高高在上的权威，只是一个耐心倾听的朋友，也是一个可以让孩子依靠的"港湾"。你只需要对孩子的孤独抱有同理之心，理解并且报以微笑；给一个拥抱，让孩子感受到你的存在，感受到家庭爱的温暖。

让孩子知道，你有多么爱他，孩子一定能够感受到你的爱意，因为这是他最需要的。如果家里有这种真诚的爱，有温暖的疼爱和呵护，他就不会到外面去寻找。

试想一下，如果你能经常和孩子沟通、交流，像朋友那样互相调侃，甚至任由孩子任性一点，孩子就会愿意在家里多待一会，而不会迫不及待地陷入"恋爱"这个成人的世界里去；如果你不加评判，只是耐心地倾听孩子，不论他说什么，你都很有兴趣，都会跟他一起高兴和悲伤，孩子就会一直黏着你，而不会向外求助于他人；如果你能和孩子一起疯狂地打闹，玩各种有趣的冒险游戏，不再摆出一副高高在上、指手画脚的姿态，孩子就会乐意待在童年里，并且希望无限制地停留在童年的无忧无虑中，哪里还会想要跑到成人世界的"你侬我侬"里去？

孩子的早恋，看似是孩子的问题，实际上是我们大人将孩子推向了成人世界的情感中去。孩子还太小，无力承担成人情感将带来的后果。我们也只能从这个角度，帮助孩子正视这种情感，审视这种情感，以求挽救和修复孩子的情感管道，最终让家庭和孩子之间的感情顺利流通。

●能量环的使用方法以及步骤

父母和孩子都将能量环戴在右手上。大家一起约定，不管发生什么，家始终都是一个温暖的港湾。

放一段音乐，让孩子多去回忆小时候的快乐童年，父母也多和孩子一起回忆，让孩子借助能量环，给自己正面的积极暗示——我是个快乐的小孩子、很自由，爸爸妈妈都很爱我。

我真的是"坏"孩子吗？

在家长的心目中，孩子写作业天经地义；在孩子眼里，作业就像是天敌，几乎没有一个孩子会发自内心地喜欢写作业。然而现实是，不写作业的孩子，无一例外地成了父母和老师的"天敌"。与此同时，我们会不约而同地将这个不写作业的孩子归为"坏"孩子。这似乎已经约定俗成，毋庸置疑。

刀刀的家长找到我，说他死活不写作业，打也打了，骂也骂了，就是没有效果，简直太让人头疼了，让我帮忙想个办法。我答应了，要求见见刀刀。

【心理小测试】

我让刀刀画了一幅画，内容是房子、树，还有人，这其实是一个关于内心意象的心理测试。我的目的是想通过图画，找到和刀刀沟通的切入点，以免刀刀对我有抵触心理。果然，刀刀在轻松愉快的氛围中画完了画。我很有兴趣地问他，"画出来的这些房子、树和人都有什么不一样的地方呢？"刀刀也都一一作答，我们两个人的关系看起来非常轻松随意。

问到房子的时候，我说："你的这个房子里，有人吗？他们在做什么呢？"

刀刀毫不迟疑地说："房子里没有人，因为他们太吵了，把人都吓跑了。"

我问："他们是谁呢？为什么太吵了？在吵什么？"

刀刀说："他们总是对那个犯错的人大吵大嚷。因为他做错了事情。"

从刀刀的这些对话里，我还是捕捉到了一些蛛丝马迹——在他的家庭教育里，他得到的正面鼓励很少很少，大多是一些强制性的条条框框，到处是规则和约束。

我想试探一下刀刀对犯错的感受，问道："那个人跑掉是因为犯错了，挨批了，被别人又吵又嚷，最后吓跑了对吗？"

刀刀回答道："对呀，不跑的话就会疯掉了。你看，房子里的窗户都关着呢，透不过气来了。"

我点点头，说："是啊，是得跑掉。"

刀刀转过脸，望了望我，继续说道："其实，屋子里就算有人，也是冷清的。"

我惊讶地问道："为什么呀？"

刀刀说："犯了错的人，谁会喜欢啊？"

从这些对话中我们可以看到，其实在刀刀的内心里，一直纠结于自己曾经犯过的错误，不论何时，他都觉得自己是"有罪之身"。这一点，引起了我的注意。我担忧的是，一个孩子如果从内心深处觉得自己是个犯了错的人，那么，他已经界定自己为有罪之人，从某种程度上来说，他将很难建立起自尊和自信。

在日常生活中，家长口头常说的一句话就是："这孩子就是不好好写作业。真是气死人了。"换言之，就是这孩子不服从规矩，不听从指挥和安排，就是想要气死人。这样一个莫大的罪名就这样扣在了孩子的头上。可是对于一个敏感的孩子来说，他内心的困惑在于：不服从写作业的规矩，真的就是"坏"孩子吗？

于是，我问起了刀刀第一次不写作业的情形。刀刀说，那次是因为贪玩忘记了，结果被父母狠狠打了一顿：痛，倒是记住了，从此以后，心里却像被烙上了印一样，总觉得自己犯了错，不会再有人爱了。再加上被家长屡次警告，屡次揭开这块伤疤，他都觉得自己不会再难过了。

在现实生活中，我们都应该知道，凡事都有一个度，当孩子在承受痛感的时候，一开始因为没有经验，所以感到痛，可是到了第二次、第三次，次数越多，疼痛感就会越低，最后因为提高了耐受力而获得了"免疫力"，会丝毫不觉得羞愧，相反会有一种快感。我把这种情况叫作"痛感丧失"。

痛感丧失造成的危害就是孩子失去了自尊，对诸如打骂羞辱等行为，习以为常，这其实就是受虐心理的雏形。对刀刀来说，他屡次逃避写作业的背后，其实是为了掩饰第一次的罪恶感，更确切地说，是为了获得一种报复的快感。"你让我写我偏不写，反正我已经犯错了，是个'坏'孩子了！"就这样，刀刀在无意识中抱持着这样的一个想法，难倒了他那虎视眈眈、怒目相向的家长。

● 心理分析

在我的心理咨询个案中，遇到很多类似刀刀这样的情况。公正地说，孩子犯错是正常的。何谓犯错？其实这个错是由我们大人来定义的，最终解释权是在大人的手里。比如没有写作业、上课乱说话、做错了一道题，等等，不一而足，总而言之，就是没有遵守规则，没有执行大人所划分出来的任务，没有完成大人圈定的目标。对于这些所谓的错误，我们做家长的都将其视为大事，天天在那里数落，让孩子陷入一种莫名的罪恶感。

但事实上，从心理学的角度来说，一个孩子，如果永远都不犯错，那么他是长不大的。犯错其实是孩子的一种权利，正因为犯错，他们才会知道什么是社会现实、什么是规范和纪律；也只有在犯错中，孩子才能明确意识到下一次要规避这种错误。

但对家长来说，规范化的生活秩序是必需的，不可能给孩子太多的宽容。在每个家长的眼中，孩子一定不能犯错。家长的心理诉求是要求孩子不犯错，但事实上，孩子只能做到少犯错。

小时候，大人告诫小孩子不要将手放在壁炉边，可是，只要没有被火烧到，孩子还是会将手放在炉火边。为什么？因为只有他被灼烧到，体验到痛，他才明白为什么不要把手放在炉火边。这就说明孩子是在通过试错来学会一种经验，建立一种规范。家长往往忽视了这一点。当一个孩子经常爱说爱动时，我们可能会认为他不够好，给他定义为调皮；当一个孩子偶尔一次不写作业，我们会毫不犹豫地给他扣上一顶"坏孩子"的帽子，不仅大发雷霆，用语言羞辱，还要好好地打一顿。

在学校里，经常可以看到这样的一幕：老师把家长叫过来，然后孩子站在墙角，家长沉默地听着老师在那里控诉孩子的"罪行"，家长竭力抑制着怒火，但是最终忍无可忍，铁青着脸，对孩子低声吼道："回家再收拾你。"

一句"收拾你"，将家庭教育的冷漠粗暴暴露无遗。言外之意就是，回到家里，我想怎么收拾你，就怎么收拾你，你除了老老实实地听话，别无选择，这种教育模式，我姑且称之为"威胁型家教"。

其实家长应该静心想一下，站在孩子的立场，犯错之后，他已经受到了老师的外力干涉，内心肯定纠结、害怕得很厉害。毕竟他只是个孩子啊。

但是大多数家长并不了解孩子内心的恐惧，他们大多会"伙同"老师一起，联手加大威胁的力度，于是两种合力矫枉过正，带来了不可估量的后果。我们会看到，这个孩子暂时会安静许多，但是过不了多久，就会再次发生同样的错误，以至接二连三。这实际上就是我前面讲过的弹簧原理。当我们强加给这个弹簧一个力，暂时将它压下去，等到松开的时候，它就会弹跳起来，而我们强加的这个力还是合力，合力有多大，这个弹簧弹起来的力量也就会有多大，而这个弹簧就是指孩子。

我们可以试着回忆一下，在教育孩子的过程中，每次强迫孩子做的事情，刚开始是有效的，可是为什么总是不能坚持到底呢？原因不言而喻，就是因为我们在引导孩子的时候，总是通过外力强加给孩子，矫枉过正，使得孩子有了逆反心理。我们强加得越厉害，孩子的内心叛逆就会越厉害，也就会让孩子偏离正确的道路，孩子会慢慢将自己放逐，越来越远，最终变成一个无药可救的"坏孩子"。

不论是家长还是老师，我们应该做的就是拿开强加在孩子身上的力，让孩子独立面对错误，认识错误。所谓错误，其实就是没有遵守规则，既然没有遵守，就要承担犯错的责任。该怎么承担呢？那就是先认错，然后悔改，只要改了就没问题了，孩子本身还是好的。

●结论与对策

当孩子犯了错时，不管是在生活上还是在学习上，家长一定要冷静对待。要经过慎重考虑之后，再跟孩子进行沟通和交流。一定不要怒火中烧，在情绪还没有平复的情况下，不要直接面对孩子。要知道，这样做的后果只会让孩子错上加错。

那么到底该如何处理孩子的犯错呢？这里有几条建议，供大家参考：

其一，要体谅孩子的心情。孩子初次犯错，一定是恐惧害怕的，他可能并不知道事情本身的严重性。此刻最需要的是大人客观公正的理解。如果家长能够说一句："怕什么？错了就改，就还是好孩子呀！"这时候，孩子获得的将是一种温暖。在温暖的气氛下跟孩子沟通，将会拉近彼此的距离，孩子也会把大人说的话听进去。

其二，当孩子不在意自己犯错的时候，我们应该意识到，这是孩子已经进入痛感丧失的阶段了。这个时候正是考验家长耐心的时候，我们要做的就是反其道而行之，对孩子的态度来个180°大转弯，倍加呵护、关心，让他重新感受到父母的爱，找到一种自我的归属感。

其三，我们一定要明确地认识到，孩子在犯错的第一时间内，内心会有一个困惑的声音：我真的是个"坏"孩子吗？如果我们强加外力，施加压力给孩子，他就会在无意识中确认自己真的很"坏"，从而形成负面的自我暗示，到时候再进行修正就会事倍功半、南辕北辙。因此，在和孩子进行交流的时候，一定要就事论事，千万不能说"你懒死了""太笨了""没救了！"诸如此类贴标签的话。

其四，在孩子初次犯错之后，一定要第一时间告诉孩子错误所在，就事论事，说出错误本身，前因后果讲得清楚明白，孩子就会知道自己错在哪里。与此同时，家长还可以谈谈自己曾经犯错之后改错的经历，这样一方面能够安抚孩子的情绪，另一方面可以抛砖引玉，让孩子在减轻心理负担的同时，以此为榜样，找到方法来改正错误。

我是个懒虫吗？

小慈有一次在微信群里向我紧急求助，连发了几个大哭的表情。我还以为发生了什么大事儿呢。结果她问我："老师，您说我是个懒虫吗？"

我一时没有弄清楚状况，但是很快意识到，一定是有人给她下了一个这样的标签和定义，让她产生了困惑。经过询问，我终于弄明白了。原来在学校的一次中队会上，大家对她集体讨伐，个个批判她，说小慈非常懒，每次值日都逃避任务，偷懒不干活。

小慈听了大家的议论和批评，心里非常难过，可是又不知道怎么表达出来。于是我让小慈写一篇文章，将自己的想法和内心的委屈都写下来。以下就是小慈的原文：

我不是很懒的，我不是个懒虫。

有很多次，我都想在家做事，老是说要帮父母做事，可是好多次，妈妈都不让我动手。妈妈说："不要乱动，你毛手毛脚的，把家里贵重的花瓶打碎了怎么办？你又洗不干净碗筷，洗了我还得重洗，净给我添乱。"

有一次吃饭时，我要去端碗，妈妈就不让我端。说是怕烫着我，也怕我把碗打碎。记得小时候穿衣服，妈妈总是给我找好放在一边，我其实想穿这一套，结果妈妈拿那一套。虽然每次总为这个伤心生气，但是每次最后还是听妈妈的话，老老实实地穿了她拿的那一套。

我每次看到别的孩子会做这个，会做那个，真的很羡慕他们，为什么我什么都不会呢？我真的是个懒虫吗？

●心理分析

在学校的一些班队活动中，老师常常会提出一个话题，让学生参与讨论。当老师提出"在家里，你会做什么"这个问题之后，小慈受到了同学的批评，自尊心受到了严重的挫伤，产生了自己是不是懒虫的疑惑。这其实是一个非常好的现象，因为，这是小慈开始独立思考、发现自己的开始，也是一个非常有利于成长的契机。

当孩子能够在他人的指责下反省自己，提出疑问时，做家长的应该积极配合孩子，给予充分的鼓励和支持。问题在于，家长常常忽视孩子的困惑和无助，错过了孩子亟待成长的问题。

很多孩子都有小慈这样的经历，这并不是一个个案，而是一个非常普遍的现象。在中国的家庭里，父母几乎包办孩子的一切，从吃饭穿衣到拿书包，我们早已司空见惯，见怪不怪。当然，从父母对孩子的关爱来说，我们完全可以理解，但是，好心不一定就能办成好事。因为家长的包办，可能扼杀了孩子独立做事的机会，也会让孩子无法体会到做事过程中生发出来的成就感。时间久了，会让孩子产生困惑，认为自己和别的孩子相比，什么都做不了。这种对比之后的落差是会产生心理失衡的，它最终导致的结果是，孩子要么不承认自己的缺陷，无视别人的批评；要么觉得自己一无是处，毫无价值。

父母对孩子的包办，看似是在用爱来替孩子规避做事的风险，让孩子不被烫着，不被碰着，不被累着。但是在这些所谓的疼爱背后，隐藏的是一个不尊重孩子的心理模式。说白了，父母没有将孩子当作一个独立的人，没有顾及孩子作为人的独立人格的需求。

● **结论与对策**

如果家长发现在家教当中已经出现了包办孩子事务的现象，就要开始转变自己的思想观念，重新建立一个家教思想：真爱孩子，放手让孩子做事。这里有以下几个方面的建议：

其一，让孩子在生活中做事是培养孩子自信的最佳手段。

很多家长都知道需要培养孩子的自信心，可是却苦于找不到实施的办法，其实很简单，让孩子独立地管理自己，独立地做出自己的决定，这是培养孩子自信的最有效方法。

我的女儿3岁还不到，就会学着大人的样子，在洗衣盆里洗她的布娃娃，这时候她说的话就是："妈妈你看，我把我的娃娃洗干净了！"那种快乐，比大人有意的夸赞要真实一千倍。后来女儿又学着大人的样子，用自己的小手去刷碗、拖地，虽然看起来把家里搞得乱七八糟的，但是，我还是很满意，也乐于让孩子去做这些尝试。

我还专门准备了一个日记本，将孩子每次做过的事情一点一滴地记录下来，画上一个大大的红心。每逢遇到我的朋友过来做客，女儿就会把日记本拿出来给大家展示，让大家看到她做到的每一件事儿。一颗心就代表一件事，慢慢的，女儿的自信心一点一滴地积累起来。她会自发地接收我们给她植入的潜意识暗示，并经常这样说："我是世界上最能干的孩子，我是最聪明的孩子！"显然，这个体会并不是空洞乏味的，而是一个孩子通过自己真真切切的经历，将大人的正向暗示结合起来，建立了正确的自我认知。这时候我不用刻意地去夸赞她，而是让她通过自己的行为，认识到自己的存在是很棒的，很有价值的。

其二，给孩子锻炼的机会是培养孩子树立尊严的有效途径。

记得有一次家里要来客人，女儿看我太忙，就悄悄起身把客厅收拾了一通。擦桌子，收拾沙发，把东西叠整齐，做得有模有样。虽然她还不到3岁，但是经常耳濡目染，自然就学会了怎么做，在做这些事情的时候，她是非常快乐的。后来我将她做过的事情，都记在了日记里，女儿每次和小朋友一起玩儿的时候，就会很开心地和大家分享说："我会收拾房间，我会写诗歌，我会画画，我会拖地、擦桌子，我会盛饭，我会做很多事。"很多家长可能会认为，孩子做这些事情是因为觉得好玩，没有什么实际意义，其实不然。

事实上，在孩子看似瞎胡闹的背后，却是大人对孩子的尊重和支持。每个孩子都是独立的个体，都有想要表现自己的心理诉求，因此需要一个平台，需要一个机会来尝试，哪怕是瞎胡闹，都应该得到支持和欣赏。

但生活中，大人们常常忽视了这个需求和平台，不肯放手给孩子机会去做自己想做的事。

实际上，通过这样小小的"胡闹"，孩子会知道自己能做什么，也会尊重自己做的每一件事，并且懂得欣赏自己、理解自己。做得多了，就会比同龄人多一些自信。自信心的建立，不是空穴来风，不是大人随便鼓励一下就可以建立的。必须落实在生活实事上面。对女儿来说，她最喜欢做的事，就是"工作"。因为我每次做事的时候，就会告诉她："妈妈在工作。工作是很开心的。"女儿也就很自然地把做事当作是干工作。每次她拿一块抹布擦地的时候就会开心地说："妈妈，我也在干工作，我很高兴。"

其三，交给孩子任务是对他最深的爱和理解。

每次交给孩子一件事情，并不是要求孩子做成什么样，而是要帮助他从做事中体会到成就感，认识到自己其实是能做一些事的。女儿有一次在冷水里洗碗，天很冷，奶奶知道了，狠狠地批评了我一顿，说我不知道爱护孩子，其实她哪里知道，女儿做事做得很开心。试想一下，孩子如果从小都没有体会到劳动和做事的乐趣，如何才能在长大之后有想要做事的欲望呢？岂不是要将做事当成苦差事吗？所以，让孩子在小时候就开始做一些力所能及的事，不是不心疼孩子，而是爱孩子的表现。不要怕孩子弄乱弄脏，比如自己穿衣、吃饭、擦地、洗玩具，都要让孩子尝试，这样是为了培养孩子的能力，让他看到自己的存在价值，对认识自己是有用的。

其四，放手让孩子实践，一定要足够信任。

在孩子做事的时候，你要想，既然给了他机会，就一定要给予他充分的信任，并放手让他去尝试、试错。当孩子将碗盘打碎了时，你一定不要大呼小叫，更不能对孩子生气，而是要安慰孩子，告诉他不要紧。民间有一句话就很有智慧，说："没关系，岁（碎）岁（碎）平安。"这句话里，就是一个积极情绪的转化，也是在给孩子传递良好的信息，让孩子知道，事情做错了也没有那么糟糕，没必要大惊小怪。接下来，大人可以指导孩子尽快想办法收拾残局，而不是大人忙着去收拾。

这个时候，切记不能责怪孩子，更不能谩骂。我在让孩子端碗吃饭的时候，也会遇到将碗盘打碎的情况，这个时候我就会微笑地告诉孩子，说："现在我们来收拾这些碎片，不然就会割伤手和脚，"孩子也会乐于进行清理工作，慢慢培养起淡定的习惯。

另外，在交给孩子任务之后，就不要强加干涉了，要让孩子用自己的方式来完成任务。当然，如果孩子的方法不对，家长可以在旁边指导，尽可能让孩子做得兴致勃勃，在做事的过程中，孩子会积累一些经验，熟悉基本的做事流程。比如，很多学生在家里打扫卫生，或者在学校里值日时，慢慢就会知道要先扫地，再拖地，知道要先从里边拖地，慢慢拖到门口，这样才不至于把已经拖干净的地再弄脏。孩子参与实践之后，就会慢慢有了自信心，点点滴滴都有自己的真实感受，看得见、摸得着，也更容易建立真实的自尊。这种自信和自尊，比大人那些空洞的鼓励和说教来得实在得多，也更有效果。

事实上，在生活中想要培养孩子的自信心，远不是说几句"你真棒"就可以的。赞美孩子不能盲目，更不能无限制、无根据。有些家长认为，让孩子学一些特长，就会增强自信心，其实那是"远水解不了近渴的"，不如从生活中的点点滴滴做起，让孩子从小就在基础生活中尝试，家长进行及时的表扬和鼓励，就可以让孩子建立起真实的自信来。

第三章

做一个忠实的"听众"，听听孩子的心里话

孩子偶尔也会遭遇烦恼，在家庭中也会有失落，也会缺乏存在感。作为家长千万不要认为，带孩子旅游，给孩子美食和金钱，就可以解决一切问题。很多时候，孩子需要的是一个能够倾听、能够谈心、能够诉说委屈的好朋友。好父母更像是一个树洞，能装得下孩子的烦恼、委屈，也能俯下身子，耐心听听孩子的心里话。

我不要做大人的玩具

刘赫拉13岁，是个很有个性的女孩。她说话比较直接，在孩子们中间有点大姐大的意思。常常会出头替朋友打抱不平。虽然看起来开朗奔放，但仔细观察她，也会看到她眼神中偶尔流露出来的忧伤。

在一次测试中，我让她写出自己的心里话。下面这篇就是她以日记体的形式写的，名字是她自己加上去的，我把错别字修改了，其余几乎都没有改动。

2014年9月28日　天气不好　心情郁闷

快要放假了，家里说要带我去海边玩，叫我开心一下。说实话，我挺想去的。但是，我还是对他们说我不想去。不知道是怎么搞的，我就是想和他们闹别扭。可是他们一点也猜不到我的想法。

小时候一直盼望能跟爸爸妈妈一起出去旅游。可是现在一点儿都不想去，觉得没意思。

老爸和老妈说话超级啰唆。其实对我的要求也就只有一条——学习，除了这个，没有别的。

让我到海边去玩也无非是要让我回家以后好好写个心得体会，写一篇作文出来。我知道他们的苦心，也体谅他们对我的期望，但是，这个圈套我早就腻味了，小时候老师经常这样玩儿，爸妈也经常跟我这样玩儿。

老爸忙得屁颠儿屁颠儿的，还假惺惺地跑来跟我商量："你说到底想去哪儿？十一长假，由你做主，行不行？"这算是老爸的诱骗手段，假民主的模式，我早就看透了。

不管他们说什么，我都一概摇头。我就是不想去，随便你们怎么折腾好了，总之，我不去。看你们怎么轮番表演。这个家里，我都待了十几年了，还能不了解吗？

还是老妈最终沉不住气了，这下终于露出"狐狸尾巴"了。她拍着桌子气恼地叫道："刘赫拉，你还反了是不，不吃软，想吃硬，是不是？那下次考试，考不到95分，所有零用钱免谈。"

听听！我就知道，他们就这一副德行！对我，从小到大，就是软硬兼施，除了这个，我还真没有见识过他们有别的。

看，老妈的威胁厉害吧，在生活中，在我的记忆里，她一直都这样，我就是这样长大的。

现在我不怕她。

可是我很难过，很难过。我想说，老爸老妈，我不是你们大人的玩具，也不想做你们大人的玩具，行吗？

你们都说我是个疯丫头，可在我的心里，有很苦涩很苦涩的味道。

十四年来，我其实只是你们的一个玩具，高兴的时候给我买好吃的堵住我的嘴巴，买好看的衣服给我穿，穿出来还不是为了给你们装门面。不高兴，把我随便往别人那里一放，要么好几天没有音信，要么提出要求和条件，才能兑现承诺。

现在我长大了。成绩就是他们的软肋，可是我讨厌学习，10年前，他们不是说要挣钱供我上学吗？可是，上学对我来说，没有意思，也没有兴趣。

下辈子，我绝不愿意再做他们的女儿，除非，除非……

●心理分析

这篇随笔，并不算是日记，而是女生刘赫拉在我要求说出她心里话的时候，即兴写出来的。写得非常随性，也挺有文采，字里行间是她的满不在乎。但仔细分析一下就会发现，这个女孩表里不一，掩藏着内心的苦痛。

在日记的结尾，她用了省略号，看得出，这个叛逆的女孩对父母充满了期盼，希望他们能够真正看见她的存在，重视她的存在，给她真正的爱，走进她的内心里去，倾听她的心事，并能给她安慰。

她看起来满不在乎的外表，其实只是给人一种假象，目的是掩饰内心的慌张和孤独，也或者说是逃避家庭教育中爱的缺失，而不得不装出来的样子。只有假装，才能让她的内心保持平衡，看起来很快乐而已。

在字里行间我们可以看到，女孩对自己的家庭充满了失望和痛恨。事实上，这绝不是一个个案，正如她所说，父母将孩子当作玩具，高兴时捧着，不高兴就扔开，这种单方面的随意掌控，造就了孩子的分裂人格：外表开朗，内心落寞。

通过女孩的日记，我们可以看到这种缺乏内在滋养、重视外在表层的家教模式。家长给孩子钱，也给孩子买东西，看起来是满足了孩子的各种需求，但实际上在内心深处疏离了孩子。尤其是在现在这个时代，很多父母可能为了挣到更多的钱，忙于做生意、工作，等等，常常会忽略了和孩子的交流互动，导致孩子的内心缺乏归依感，没有被父母"看见"，失去了应有的存在感。

对于家长来说，这种外化的家教模式有一个显而易见的好处，那就是只要给孩子买了东西，就可以收到立竿见影的效果。实际上，家长给孩子买东西本身，只是家长单方面的一种自我安慰，这和孩子的内心是否真正快乐没有本质的联系。事实上，由于生活现实问题，大多数家长会因为忙于自己的事情而对孩子的内心关照不够，不知道孩子内心真正想要的是什么，于是，父母和孩子之间的鸿沟越来越深，形成了所谓的代沟。

很多时候，家长并不知道孩子为什么故意闹别扭，只是一味地认为孩子不听话，然后会武断地指责和批评，和孩子的心灵之间拉开的距离越来越远。

和外化的家教模式相对应的，是内化的教育，我将它称为心灵家教。心灵家教实际上就是家长和孩子能够有效沟通，家长尽量站在孩子的立场考虑问题，应对孩子的问题，找到和孩子契合的角度，扮演好和孩子契合的角色，做孩子的知心人。

要施行心灵家教，最重要的一点，就是要有一颗童心，没有对错的评判，只有一起成长。唯有如此，才能和孩子实现真正的交流。

结论与对策：

父母是孩子心灵的定海神针。父母能和孩子一起说说话，听听孩子的委屈，谈谈彼此的经验，这对孩子来说，就是最大的幸福和安慰。

怎样才能走进孩子的内心呢？这里有几种方案，可以供大家参考：

方案一，选择合适的时间，和孩子聊聊目前的状况。

可以聊的话题很广泛。对家长来说最关心的还是学习和生活当中的习惯问题。在聊学习问题的时候，尽可能客观公正地指出孩子的优势，而不是只拿成绩说事。要让孩子明确地认识到自己的优点，同时也要问问孩子的想法，引导孩子制订一个适合自己的计划等。

针对生活细节上的问题，家长要尽量避免进行主观的标签化评价。生活中常常会有这样的家长，看到孩子房间里乱，就会大发雷霆，当时就向孩子发作，劈头盖脸地给孩子贴上标签，诸如"懒虫""猪"，大声吼叫"你能不能让我省点心"，这些都容易让孩子产生恐惧心理，让交流变得无效，甚至适得其反。

方案二，和孩子建立一个共同的爱好。

我们都知道，人与人之间需要一个链接。对于父母和孩子来说，我们通常建立链接的方式，就是过问孩子的成绩和名次，似乎只有学习才是我们和孩子的链接点。但是，这种链接从这头到那头，是前高后低的，家长这一端是居高临下的。

这样的链接模式，实际上并没有黏合性，也并不对等，它剥夺了孩子的自尊心和自信心。因此，我们要想办法尽可能地和孩子建立一个共同的链接——"爱好链接"。

当家长和孩子共同喜欢一部电影或者电视剧的时候，就会有共同的话题进行讨论，在交流和碰撞中也就会有互相的提升和理解。当妈妈和孩子都成为某一个人物的粉丝时，就可以在同一个层面展开话题讨论，妈妈也能够就此引导孩子，发现这个人物身上的优秀品质，从而带动孩子培养自己的优秀品质；当儿子和父亲都喜欢踢球的时候，交流的话题也会层出不穷，某种程度上两个人将会成为盟友，在一起做球迷的过程中，不但建立了平等的父子关系，而且儿子也会积极发表自己的看法，家长从中能够看到孩子所具有的品质，借此进行正向的引导。

以上两种方案，是基于平等、尊重、理解的原则，当我们将孩子当作一个独立的个体，和我们具有相同的尊严和权利时，我们就会发现孩子的优点，而不是一直揪着他的缺点，无限放大，用权威的姿态指手画脚。

我不知道自己想做个什么样的人

男孩小林之前因为不写作业、打架的事情被学校叫了好几次家长。他的父母被老师一顿狠批之后心情特别低落。他们找到我的时候说，从小对这个孩子言听计从，非常娇惯，可是没想到这个孩子长大了叛逆至极，实在令人头疼。

见到小林之后，经过短暂的相处，他渐渐开始能够向我展露自己真实的一面。我提议他写出自己的内心想法，并发起了这样一个话题：你想做什么人？希望他可以以此为题，随心所欲地写出自己想说的，随便说什么都可以，谈谈自己的想法。

由此，我获得了这样一篇随笔。

老师问我，你想做个什么样的人？

我想了想，没有回答。我不是不想回答，是因为，我真的不知道。

老师还问我："有没有亲人夸奖过你？"我想了想，在我的记忆里，好像没有。

没有人夸过我。他们都很忙，我太淘气，他们不打我就算不错了。

老师还告诉我，每个人都会孤单，我开始不承认，其实说真的，我很孤单。

我没有多少朋友，大家都讨厌我，我和男生打架，骂他们是猪，也爱往女生的桌子里放东西吓唬她们。

我挨过的打很多，爸爸打过，妈妈打过，他们也骂我是猪。我不怕他们。为了让我写作业，他们天天打我。我讨厌写作业，讨厌他们让我干的一切。

我最喜欢的人，只有外婆。小时候，她总是会笑眯眯地看着我，问我："长大了，你想送给外婆什么东西啊？"

我就总是会脆生生地答，我想给外婆买一个手杖，让她走路一点都不累。

外婆总是会甜甜地笑。

在我长大以后，外婆总会把我小时候的这些事儿，讲给我听。我听得很开心。

可惜后来唯一爱我的外婆走了，那年我只有8岁。我哭了好久。可是外婆还是睡着了，她肯定是累了。我看着她的脸，什么都没有说。

在班里，大家都知道我有钱，我可以想要什么就有什么，因为爸妈都会给我买。

老师也问过我，我这样每天不写作业，也不听讲，我到底想要干什么，我将来想做个什么样的人。

我想了很久。我觉得，这个问题没有意义。因为我不知道答案。

虽然觉得很无聊，但是除了这样，还能怎样呢？我不知道我想要干什么，更不知道想要做什么样的人。

可是，这样有错吗？

● **心理分析**

小林的这篇随笔，简单直接，写出了自己内心的真实想法。从中我们可以看到以下几个方面的问题：

其一，内心的孤单造成了外表的强硬。

我们能够看到，小林的性格属于外强中干、表里不一的类型。表面看起来飞扬跋扈，内心却极度孤单脆弱，迷茫无助。他对自己没有正确的认知，缺少核心的价值观和人生观。为了掩饰内心的脆弱，他去做各种事情，甚至打架斗殴，目的都是向外界展示，他很厉害，他什么都不害怕。这种内外的极大反差，更显示出他内心的迷茫。

其二，父母的溺爱导致了孩子的自我放纵。

在孩子幼儿期的时候，父母给予孩子无微不至的关怀，是为了在孩子的内心培植一份安全感，使之能够拥有健康的人格。这样的心灵关怀，是基于对孩子的尊重和理解，也是给予无私的爱。但这种无私的爱并不意味着父母就有权掌控孩子的一切，有权利剥夺孩子的主动权和选择权。

家长如果将无私的爱理解成溺爱，就会无条件地满足孩子。比如，重男轻女的家庭就会将所有的精力投到这个男孩身上，要什么就给什么，甚至他没有想到的都会事无巨细地提供给他，包办他的衣食住行，甚至他的人生选择。

正因为这种无条件的溺爱，让孩子产生了认知偏差，用自己的要求是否得到满足来作为快乐和幸福的标准，这样的孩子就变得急功近利，蛮横霸道。遗憾的是，当家长发现孩子出现行为偏差后，便不假思索地采用武力打骂，企图压制这种飞扬跋扈的性格。但这种行为方式犹如火上浇油，越发助长了孩子的性格分裂，与家长产生尖锐的对立。

从这里我们可以发现，在小林的家教当中，有两种水火不容的对立模式：溺爱和打骂。前者给小林带来的是认知上的无边界，他养成了妄自尊大、飞扬跋扈的性格；后者给小林带来的是无尽的伤痛和迷茫，形成了他内在的虚弱和无助。内外之间的不和谐，让他时时陷入这种水火不容的折磨中。

其三，溺爱助长了孩子的任性，导致了孩子的自我迷失。

在幼儿6个月的时候，自我意识还没有形成。他转动自己的身体时，就以为世界也会转动。但在一岁左右，如果你在孩子的鼻子上点上小红点，他照镜子的时候会摸小红点，而不是摸镜子，心理学家们发现，这个时候孩子已经有了自我意识，能够分清楚你的、我的。在这种你我有别的区分中，孩子开始体会到了边界。

然而大人的溺爱，给孩子提供的却是毫无限制的满足。孩子想要什么，就给什么，有求必应，孩子的任性就会得到助长，就会分不清你的我的，分不清现实还是虚幻，没有局限，没有纪律，没有约束。正因为没有约束和边界，孩子会理所当然地认为，一切都应该属于"我"，必须满足"我"。这种认知上的错乱，应用到生活中就变得霸道、蛮横、无法无天。小林的父母误以为这样的爱就是真的爱孩子，而事实上，这其实是在包办孩子，无视孩子的存在。

其四，粗暴的打骂剥夺了孩子对自我的认知，造成应激性仇恨。

人类进化以来，对外来的攻击，通常都会具有本能的反抗和自我保护意识。对孩子来说，在遭受了大人的动手暴打之后，不管是内在心理还是神经系统，都会出于本能想要保护自己，自动选择反击。生活中我们仔细观察会发现，当我们用攻击性的语言和动作面对孩子的时候，孩子也会给我们同样的攻击和对立，你怒目相向，孩子绝不会笑脸相迎。就像照镜子一样，我们是怎样的，孩子也会怎样应对。

在家庭教育中，选择打骂孩子的教育方法，是家长无可奈何、无法冷静面对的失态表现，同时也表明，家长并没有关注孩子心灵，家教模式较为简单粗暴。

●结论与对策

面对孩子的自我迷失，作为家长，到底该怎么办呢？这里有几条建议，供大家参考：

其一，当孩子伸手要的时候，分清孩子到底是在要什么。

当孩子提出要求，想要某种东西的时候，一定要冷静地分析，孩子到底是在要什么？这里面有两种情况：一种是真实的客观需求，是孩子日常需要的；另一种是真实的情感需求，孩子借着要东西向父母要关心、要关注、要呵护、要陪伴，试探自己在父母心目中的地位，想要知道自己有多重要、有多宝贵。

事实上，根据近些年的经济发展情况可知，大多数孩子的物质需求，家长都会给予充分的保证，很少存在满足不了孩子需求的情况。因而，从某种意义上来说，当孩子开口要东西的时候，大多数情况下，是他在要父母的关注和无条件的呵护。也或者说，在孩子的潜意识里，认为自己已经被父母忽略很久了，所以，他想要告诉父母，他需要父母的爱了。

这个时候，家长就要仔细梳理一下，问问自己到底这段时间是否和孩子很少亲密接触？甚至根本就无视了孩子的存在？或者，压根就没有真正关注过孩子的内心需求？在弄清了孩子要东西的根本原因之后，就可以进行合理的疏导，划定应有的边界。比如，有的孩子什么东西都想要，很多并不是必需的东西，也要家长无条件买来。这个情况说明，孩子极度缺乏安全感，需要家长给自己买很多东西来证明自己被爱，证明自己在大人心目中的位置很重要。这就需要家长花费一些心思，多一点耐心来好好弥补这种情感上的空洞。

其二，一定要先安抚好自己的内在小孩，再去温和处理孩子的问题。

孩子的问题，一定是家长的问题。当孩子出现情感上的空洞，那也就意味着，家长在某种程度上和孩子一样，也处在某种情感上的空洞。因为在家长的心灵深处，也有一个内在的小孩。作为父母，只有先安抚好自己的内在小孩，才有能量赋予孩子关注和爱。

小林的父母面对孩子的反常行为时，不是先去安抚自己的内在小孩，让自己变得充满爱和耐心，而是任由自己的暴虐情绪发作，没有设身处地地去理解孩子，而是让自己变身为恶魔，通过武力来强制孩子改变，从而导致了孩子的反抗，形成应激性的错误认知。己所不欲，勿施于人。对于家长来说，要谨记这个真理：以暴制暴带来的永远只能是反抗，所以，当务之急是要先安抚自己的内在小孩。关于这个问题，后面的章节中我们将会讲解父母该如何安抚自己的内在小孩。

其三，站在孩子的立场考虑，培养同理心。

小林的父母显然忽略了一点，那就是孩子是一个独立的个体，有自己成长发展的轨迹，也有一定的可塑性。必须承认，在这个世界上，没有一成不变的孩子。当他出现问题的时候，正是家长帮助孩子进行转变的有利时机。

要促成孩子的正向转变，最好的解决办法，就是站在孩子的立场考虑，看看在他内心深处最需要的是什么、最讨厌的是什么、最反感的是什么。遗憾的是，多数家长并不知道孩子的需要，不屑于去"看"孩子，甚至也"看不见"孩子。

这个"看不见"指的是无视孩子作为一个"人"本身的存在。既然是一个"人"的存在，一定有思维、有认知。我们首先要弄清楚的是，孩子的认知是什么样的？为什么会这样？他这样想的原因是什么？假如我们处在当时当地，化身为他会怎样做？只有弄清楚这些问题，家长才可能平心静气地和孩子坦诚相对。这就像照镜子，当我们愿意靠近，认真仔细地审视时，就能够看清问题所在，发现什么地方美、什么地方不美，不美的地方进行纠正，美的地方让它凸显出来。培养同理心，才能够拉近和孩子的关系，彼此靠近，温暖孩子胆怯、孤独的心灵。

我不想和大人一起吃饭

初次见到小凌的时候，感觉她特别瘦弱，像是还没有发育完全。已经是12岁的孩子了，身高体重却只有八九岁的样子。她的精神很差，注意力难以集中，脸色也不红润，有些偏黄，明显是营养不良。

跟别的孩子相比,小凌看起来比较迟钝,反应都要比别的孩子慢一些。用小凌父母的话来说,这孩子太笨、太迟钝。家里的饭食并不差,为了让她吃饭,也变着法儿地做好吃的给她。但是这个孩子就是不爱吃饭,总是想吃零食。

在我的课程当中,不管是下课还是上课,小凌总是在自己的座位上,一个人发呆。和其他孩子比起来,她似乎更喜欢吃零食。虽然我有过禁止零食的规定,但是看起来她丝毫不想控制。

像小凌这种不好好吃饭,几乎以零食为生的孩子,在生活中并不少见。有的可能是心理性厌食,有的则是病理性的。小凌的父母很早以前就把她带去医院检查过,身体各部分都没有问题,这就说明小凌的问题是出在心理上面。

我们都知道民以食为天,人是铁饭是钢,也知道身体发育不好会影响人的智力。最关键的是,厌食将会严重影响孩子的人格发展。食物是一个人生命延续的保证。孩子对待饭食的态度可以贯穿在一生当中,如果厌食,孩子就会力不从心,缺乏生活斗志,缺乏美好的人生愿望,活得有气无力,灰暗阴郁。研究发现,一个人如果长期不按时吃饭,身体细胞将难以进行良性循环,精神状态也会一落千丈,身心和大脑系统都会遭受严重损害。

到底是什么原因导致小凌不愿意吃饭呢?显然,这个复杂的问题从小凌那里是没法直接问到答案的,一方面孩子毕竟太小,还没有自我认识能力;另一方面,孩子的心里话常常是不系统的,零零散散地隐藏在潜意识深处。这个时候,只有通过咨询师温柔的引导和梳理,才能帮助孩子发现自己内心深处的痛苦和困惑。

于是,我先让小凌聆听了一段音乐,放松身体,在脑波处于平静状态的情况下进行引导,和小凌展开对话,要她在想象中尝试和自己的父母拥抱。可是,这个孩子非常抵触和父母拥抱,在想象中一到要靠近父母的时候,她就会放声大哭,恐惧得浑身发抖。

为此,我只好对她进行深度催眠。这时,小凌的伤痛才一点点浮现出来。原来有一次，吃饭的时候，她将饭弄撒了，爸爸喝醉了酒，又看到她的成绩没有考好，当时就动手打了她。在小凌的眼前，一直浮现着爸爸那张凶狠的脸。他一边动手打她还一边大声骂，骂得非常难听，这段记忆留在小凌的心灵深处。这个女孩为了忘记这段伤痛，下意识地选择了遗忘，但是那可怕的场景却一直留存在她的潜意识中。

原来问题出在这里。小凌只是个孩子，她并不能表达出是爸爸给自己造成了心灵的伤害。在生活中，我们要知道，对于孩子来说，大人们做的很多事情，是孩子无法反抗的，也是无法抵御的。突如其来的粗暴打骂，犹如一场地震，彻底打破了孩子的天真和对生活的美好向往。简而言之，在未来的生活中，小凌那个简单粗暴对待她的爸爸将化身为内在父母，她要么变得像爸爸一样暴戾，要么变得无比恐惧，生活在暴戾的阴影下。厌食就是她的潜意识做出的抵抗暴力的一个选择。

事实上，对小凌来说，食物并不能引起她的恐惧和厌恶，而是每次在吃饭的时候，她的那段痛苦记忆就会被唤醒，导致她对吃饭产生厌恶，其实质是想要逃避和大人在一起，逃避可能发生的危险——即突如其来的打骂。

那么，既然小凌如此厌食，为什么会迷恋上吃零食呢？原因其实不难理解。首先她拒绝和父母一起吃饭，是为了逃避父母可能会带来的伤害，但是在内心深处，她又非常渴望能够获得父母的关注和呵护，这种害怕爱又渴望爱的矛盾心理，让她选择了吃零食，并且迷恋上吃零食。另外，零食也是她能够从父母那里索求爱的唯一途径，起码可以证明，他们愿意拿钱给她，让她去买零食吃，这在小凌的潜意识当中，也是父母爱自己的一个明证。

说到这里，我们会发现，孩子在索要零食的时候，满足食欲是一方面，另一方面也是为了满足内心被爱的渴求，她的潜意识也是想要通过零食，来捕捉和确认父母到底是不是还在爱着自己。仔细想想，我们不难发现，零食已经成了小凌对父母之爱的一种试探和维系。弄清了小凌的问题之后，我开始着手进行心灵修复，安抚她内心深处的恐惧，同时和小凌的父母进行沟通，制订亲子关系复原计划。

三个月后，小凌和父母有了一次亲密的拥抱。在他们拥抱的那一刻，小凌的妈妈流泪了，外表看起来冷硬的爸爸也禁不住红了眼睛。看着一家人和解拥抱，我也由衷地替他们高兴。随后，小凌也愿意和大人一起吃饭了，并恢复了食欲。

继小凌的问题之后，我对一些孩子进行了访谈，并要大家谈一谈和大人一起吃饭这个话题，说出自己的心里话。以下是这些孩子的想法：

飞飞说："我最讨厌和大人一起吃饭。吃饭的时候，除了问成绩，就是说我这里做得不好，那里做得不好，烦也烦死了。"

丽丽说："我最不喜欢和大人一起吃饭。他们总是要我这样做、那样做，还总是不满意，让我总是很紧张，我宁可吃零食。"

小红说："和大人吃饭的时候，总是很紧张，生怕他们又说到我什么地方做得不好。不明白大人为什么总是挑剔，没完没了地挑剔。可是他们会说：'你如果做得足够好，大人怎么可能会挑剔呢？'"

小龙说："大人们总是在吃饭的时候，跟我算账，就好像在审判我一样，真可怕。"

小东说："饭桌上总是静得可怕。爸爸妈妈总是板着脸，妈妈会突然和爸爸争吵起来，两个人发火，妈妈大骂爸爸是个窝囊废，爸爸要么一声不吭，要么一走了之。"

●心理分析

小凌不爱吃饭这种情况，看似是一个个案，实际上在生活中非常普遍。我们也会在很多孩子身上发现类似问题：喜欢吃零食，不爱吃饭。通常，我们会将问题归结为孩子不爱吃饭，会一味地指责孩子乱花钱，不好好吃饭而吃零食，没有发现孩子不爱吃饭的本质，其实是不爱和大人吃饭。这说明什么问题？我们做以下分析：

其一，父母常在饭桌上损伤孩子的自尊心，孩子条件反射性地想要逃离。

有报道说，中国家庭的餐桌上，大人和孩子的唯一话题，就是追问：

"你作业完成了吗？""你今天有没有被批评？"但在美国家庭的餐桌上，大人和孩子的话题就是："今天过得怎么样？快乐吗？"两相比较我们可以发现，我们过分注重孩子的外在表现，而且这个表现是根据我们大人的认定标准来进行判断好或者不好；而美国家庭关注的是孩子的内心，由孩子说了算，自己开心或者是不开心。

前者是大人来做主，后者是孩子自己做主。我问过一些不爱吃饭的孩子，他们都普遍回忆，第一次不吃饭是因为在饭桌上，父母总会挑毛病，像坐得不正了，筷子拿不好了，饭菜弄撒了，吃得慢了，等等。甚至有时候，会肆意侮辱他们的人格，比如："笨死了，连饭也吃不好啊！"当时的那种压抑的场景，刻薄的语气，我们可想而知。在一个被别人控制的餐桌旁吃饭，想想看，如果是我们自己，又能有多少食欲呢？难道不想逃离吗？

这些冷硬、粗暴的态度，对那些敏感的孩子来说，简直就是一道"绝食令"，孩子宁愿选择饿肚子也不想忍受那种折磨，久而久之形成了条件反射，往饭桌前一坐就会形成反刍性厌食。为了缓解这种折磨和痛苦，吃零食成了孩子下意识的选择，这是孩子自己做出的一种自主逃离。

其二，餐桌前的负面刺激，形成了潜意识的困扰。

在餐桌前，面对一桌美食，我们本可以用美好的心情去享用美餐，享受生活，可是在很多家庭里，大人往往并不关注吃饭本身，也不关注美食，而是借着吃饭来谈论一些事情，或者借着吃饭来开家庭会议，谈论中往往会出现很多分歧，夫妻之间的意见不一致，有的甚至会大吵大闹，不欢而散；也有的家庭，在餐桌上各吃各的，互相之间都比较古板、冷硬、不苟言笑，营造出来的氛围让人感觉很压抑。这些负面的刺激和影响，将会留存在孩子的潜意识里，成为永不磨灭的隐痛。

生活中我们不难发现，一些成年男女常常会在情绪陷入低落时，大量地吃零食来满足食欲、缓解焦虑情绪和压抑心理。实际上，这是童年留下来的下意识的条件反射，也是一个人应对外在控制的一种无意识模式。难怪很多家长说，跟孩子好说歹说，都没有办法改变他们吃零食的习惯。

我们要明白，孩子吃零食是对自我焦虑心理的一种逃避和缓解，是试图通过吃零食来转移自己缺爱的内心痛苦。家长一定会说，明明很爱他，为什么会缺爱？如果你有这样的想法，那只能说明，到现在你还没有理解你的孩子。因为你没有走进孩子的内心，你不懂他，或者说，你压根就不愿意去懂他。

其三，饭桌上的冷暴力，给孩子制造了不安全感。

对于很多孩子来说，和父母的亲密接触，除了睡前就是在饭桌上。但是在饭桌上，大部分的家长并不关注孩子的心理问题，也根本无法在饭桌上给予孩子温柔的呵护和关爱。因为大人要忙很多事情，要工作，要赚钱，根本无暇顾及孩子，他们需要孩子吃快点，尽快缩短用餐时间，因此，也会将自己的焦虑传递给孩子，一股脑地要求孩子做到这些标准，否则就是"不好""不听话"。

到了8岁左右，家长开始将要求提高，要求孩子不给自己惹事，成绩优异，作业按时完成。这种想法没有错，问题在于，家长将这种要求不合时宜地在餐桌上提了出来，态度还比较生硬冷漠，要么是质疑，要么就是责问。孩子战战兢兢不知道该如何回答，这种态度又会激怒家长，让情况看起来更加糟糕，家长忍不住就会发飙。

于是，家庭中突如其来的暴力会让孩子手足无措，充满恐惧。像小凌的爸爸那样，给孩子带来了深深的恐惧，需要专业的心理辅导来弥补，可谓得不偿失。

● 结论与对策

我们要知道，孩子的心灵是纯净的，也是敏感而脆弱的。吃饭是美好的事情，也是人生中的一件大事，与其在餐桌上制造恐惧和痛苦，给孩子造成人格障碍，还不如一家人开开心心吃饭。那么，该如何来做呢？以下提几点建议供大家参考：

其一，调整心情，彼此关爱。

在吃饭的时候，家长首先要调整好心情，将生活中遇到的一些有趣的事情分享出来，这样可以带动孩子的情绪，让孩子也说说自己身边有趣好玩的事情。对于很多家庭来说，在吃饭的时候都会有一个仪式化的习惯，那就是看电视。这个坏习惯让大家没有交流的机会，彼此都忙于看电视，而忽略了对方的存在。

实际上，比较理想的吃饭习惯，应该是一家人和和美美坐在一起，你给我夹菜，我给你微笑，彼此关照，享用美食。这种美好的生活场景，将会永远留存在孩子大脑中，成为未来家庭生活的一种美好愿景，也将是未来美好家庭的雏形。

遗憾的是，我们很多家庭忽略了对和美餐桌氛围的营造。在一次亲子分享会上，不少妈妈都流泪了，她们哭着说，童年里从来就没有过一次和美地吃饭的画面，一直都是一家人冷漠地坐在一起，各吃各的。大人板着脸，这让他们深感局促不安，只好用惊恐的眼神偷瞄着大人们，也不敢说话，只是拼命扒拉着碗里的饭菜，成年后总是无法摆脱内心的孤寂和不安全感。

其二，养成快乐吃饭的习惯，进行正面积极的自我暗示。

很多家长认为，自己的工作已经那么忙、那么辛苦，回到餐桌上难道还要假装快乐给孩子看吗？这样的想法，其实是放弃了制造快乐的权力，也在推卸给孩子带来光明的责任。

我们每一个人在生活中都要发挥自己的能力，承担应尽的责任，这是活着的意义和价值所在。能力的发挥，除了正常的挣钱工作之外，还包括自我管理、自我快乐的能力。但是有很多家长会说自己过得不快乐——生活压力大，孩子不听话，怎么能快乐？那么，我想问一句，你想要让孩子听话，给你快乐，那孩子的快乐又让谁来给呢？归根结底，只有一个，那就是你的快乐必须自己制造，你得有制造快乐的能力才行。每个人都有自己的压力，孩子也是，他也会面临老师的批评、面临成绩上的压力，家长体谅孩子的同时，就是在体谅自己。

当我们明白快乐并不是别人给的，而是后天可以培养起来的时候，就会有意识地培养快乐吃饭的习惯。只要将快乐吃饭当作一种习惯，有意识地去制造吃饭时的快乐，就会有效改善自己的生活处境，也会给孩子带来正面积极的引导，让孩子感受到生活当中的快乐，培养乐观积极的性格。有关这方面的快乐教育，作为家长要尽快补上这一课。后续在好父母的心灵修炼这个章节里我们也会讲到。

在吃饭的时候，要给孩子进行一些正面积极的暗示，比如，告诉孩子：你吃掉的豆角、番茄、鸡蛋等，都会变成聪明的细胞，变成你的武器，为你工作。通过暗示，让孩子想象着这样的美好画面，鼓励孩子享受这个咀嚼和吃饭的过程，让孩子接受每一样食物，感受每一样食物对自己身体的呵护，这样就能够给孩子带来美好的暗示。

当然，不管是何种教导，家长一定要避免说教，要用有趣的语言表达出来，更不能向孩子提出蛮横的要求。当孩子吃饭慢时，就要尽量鼓励，让他想象一下，这些食物在肚子里的快乐旅行，感受这是非常好玩的事情，并在快乐的氛围中和孩子讨论，不知不觉孩子就会感受到餐桌上的幸福，感受到被呵护和关爱，从而自然而然地爱上吃饭。

最重要的一点，就是在饭桌上一定不要"哪壶不开提哪壶"，对孩子的缺点和弱势尽量回避，不要揭短，更不要在孩子开心谈论的时候，突然来一句："你要是将这个劲儿用在学习上就行了。"这样的冷嘲热讽，会给孩子带来非常大的伤害，让孩子无地自容、就此关闭了心门，给亲子关系带来难以弥补的伤害。

星云大师说过，人生的淡定和从容是需要修行的。对我们每个人来说，吃饭就安心吃饭，让吃饭成为快乐的享受，就是遇到天大的事，饭还是要吃，吃好了饭才能有力气去思考，才能有机会去淡定从容地应对世界上的事。试想一下，当我们拥有了这种达观的心态和行事的风格的时候，孩子又怎么能不见样学样呢？

超级啰唆的家

左天上课注意力很不集中，脾气也很暴躁，遇到事情总是乱发脾气，动不动就撂挑子，这让他的父母非常头疼。好几次，他都从学校里跑出来，说不想上学了。见到左天以后，我跟他简单地聊了一下，很快让他卸下了对我的心理防备。他写下了自己的一些心里话。

以下是他的心里话：

老师让我说说心里话，我不知道该说什么，这几天很烦，很倒霉。

为我不写作业的事，妈妈每天都像飞机一样，在我头顶轰炸，我都快要崩溃了。郁闷、烦躁，快要烦死了。

我上课的时候也不知道为什么听着听着就走神了，到底是为什么，我也不知道，老师问我，对你感兴趣的东西，你为什么不走神呢？是啊，我仔细想了想，我看电视的时候就不太容易走神，这一点我还真没有注意到。

爸妈其实对我挺好的，我很感激我的爸爸妈妈。可是他们老是吵架，弄得我经常心情不好。

爸爸说妈妈非常啰唆，天天烦人得很。

如果真的要我说点爸爸妈妈的缺点，我只想说别再那么啰唆了，天天讲道理，我很烦，烦得要死了，我实在受不了了。

●心理分析

从左天的心里话中我们可以看到，他充满了焦虑，心情极度烦躁，处在一种注意力崩溃的临界点。这样的状态，显然不利于他的学习，更不利于他的成长，那么这种情况，是怎么产生的呢？

其一，家庭中的焦躁，可以影响孩子的注意力。

家庭其实是一个能量场，人的情绪和情感发展，影响着家庭气场的形成，就算大人不对孩子说什么，孩子也可以在这个静止不动的气场中受到感染，从而形成有别于他人的性格和气质。这就是家庭环境带来的影响，可惜很多家长往往忽略了这一点。

古代有孟母三迁，说的其实就是外界环境对孩子的影响。外在环境具有良好的教育氛围，能够给孩子带来潜移默化的良好影响，这是毋庸置疑的，但与此同时，我们还要注意家庭内环境的营造。

父母的情绪、父母的情感生活、父母的喜怒哀乐，积聚起来就是孩子成长的内在环境。很大程度上，一个孩子的气质和对待人生的态度，取决于家庭中内环境的因素。这些内环境，将给孩子带来熏陶，并在无形中建构起孩子的情绪模式，深刻影响着孩子对待人生的态度。一个消极家庭里走出来的孩子，必定身上带有抱怨、刻薄的影子，一个积极乐观的家庭里走出来的孩子，必定是温和、光明、善良、有追求的。

在左天的家里，充满了焦虑的气氛，爸爸烦妈妈，妈妈烦自己的生活，所以总会不断地啰唆，将自己的烦恼加诸到爸爸和孩子的身上。看得出，左天的妈妈是一个心态消极的妈妈，她对自己的自我评价是极低的，因为对自己存在消极认知，所以一遇到琐事就乱发脾气。在左天的眼里，家里每天都鸡飞狗跳，没有平静的日子。

实际上，家里的情况真的有那么糟糕吗？我为此问过左天的妈妈，她说也没有什么实质性的大事，她就是心里烦。既然没有大事发生，为何会烦躁呢？仔细分析不难知道，左天妈妈的烦躁来源于对自己的失败认定。她没有能力处理好家庭琐事，于是，就会通过发脾气来发泄这些焦虑。让她没有想到的是，她一遍遍啰唆，其实是在将焦虑倾倒在家庭里，制造负能量。

实际上，当一个家庭的磁场处于一种低能量的状态的时候，孩子每天接收到的磁场都是紊乱的，充斥着抱怨、吵架等负面的情绪，那么，孩子的内心也将无法平静。久而久之，孩子积聚的负能量过多，也会想找一个出口来发泄。在生活中，我们经常会看到那些动不动就暴跳如雷的孩子，他们大多都深受家庭中负面情绪的伤害，找不到正面的"减少负能量"的方式和方法。长此以往，孩子就变得注意力涣散、莫名地不安。

其二，烦躁的孩子做事虎头蛇尾，急功近利。

佛家认为，"静能生慧，慧能生智"。意思就是说，只有内心安定，才能够生出智慧。在一个家庭里，如果孩子经常处在烦躁的状态，精神状态极度焦虑、愤怒，找不到一个发泄的出口，这个孩子就难以心平气和地去做事，更难以心平气和地思考问题。没有安静的内心，就不可能坐下来好好地学习，注意力就没办法集中起来。

心理学研究发现，那些经常处在过度焦虑中的孩子，在行为上大多存在偏执，容易和同学起矛盾冲突，脾气暴躁，做事虎头蛇尾，认知上也多偏执，难以与人相处。生活中我们也常常会看到这样的人，做事顾前不顾后，想做就做，不想做就不做，不顾后果，冲动盲目，没有目标和方向，缺乏长远规划。

其三，大人长期的啰唆责备，造成孩子的精神障碍。

在这个日新月异的时代，社会竞争日益激烈，做父母的压力也越来越大。有不少父母已经意识到了这一点，逐渐开始学会调整自己的情绪，进行自我管理的学习，科学减压，减少负能量的堆积。但也有很多父母，不知道甚至还没有意识到要调整自己的情绪，一味地把压力转移到孩子或者另一半身上，经常性地抱怨、啰唆指责、无端暴怒、苛责。在这些不知道自我管理的父母眼里，不管小事大事，都有一万个理由去抱怨，发泄自己的愤怒，也有一万个理由指责孩子和他人，似乎没有一件好事降临到自己的头上。在这样的情绪状态下，这些父母面对孩子，根本看不到孩子的一点好，还会将孩子的缺点无限放大。

心理学家将这种情况称为神经官能症，在生活中有这种症状的人很多，只不过有的人能够进行自我调节，并不影响自己的生活。实际上，造成神经官能症的直接原因，来自童年原生家庭的阴影。大人过度的责备，无休止的啰唆、谩骂，造成了孩子的自我评价过低，潜意识中堆积的愤怒和焦虑无法释放，从而在生命中留下永远的伤痛，直到成年也仍然沿袭着这样的模式，长时期处在一种莫名的焦虑中。

●**结论与对策**

从左天的故事中，我们发现，关注孩子的成长，促进孩子的成长，更多的时候，是需要我们自己给孩子创设一个健康向上、积极乐观的内在环境。这个内在环境将给孩子带来平静、安详和从容的人生底蕴。那么，如何才能创设这样的内在环境呢？当务之急，就是先从自己做起，让自己能够做到安静下来，冷静考虑问题，改变家庭的磁场，给孩子带来改变的契机。这里提出几条建议：

其一，提高认知，明白负能量的危害性。

很多家长在分享交流的时候，往往对自己的暴行心生后悔，但也充满无奈。在大家看来，不发火、不啰唆、不抱怨似乎不能让自己释放："当时实在是忍无可忍，没有办法控制，就想发泄出来！"其实，这是对负能量的危害缺乏认知的结果。

如果你发现自己处在这样的情况之下，就要在这个时刻对自己说："对孩子发泄是无效的，只会带来恶果。"事实上也的确如此。日本的江本胜博士曾经做过多次试验，将同样的3碗米饭封存起来放在屋内。其中A碗我们经常报以微笑，并对它多说一些表扬赞美和鼓励的话语；B碗则不管不顾，任凭它放在那里，漠视其存在；C碗则每天对它说消极的话、抱怨、发泄愤怒、唾骂，等等，负能量满满地向它倾泻。结果发现，最先腐烂的是C碗，紧接着腐烂的是B碗，最后腐烂的是A碗，前后时间相差了将近十天左右。如果你有兴趣的话，也可以做一个这样的试验。当自己陷入焦虑和烦躁的时候，想象那一碗过早腐烂的米饭，从潜意识深处认识到负能量的危害，告诫自己，绝不会再犯同样的错误。

其二，调整自己，转移注意力。

一些有经验的家长，会在自己感到焦虑烦躁的时候，做一些调整，去找一件转移注意力的事情，比如插花，或者是整理家务、整理衣橱、改变房间的布置等。

在这里要说一下，当你焦虑烦躁的时候，待在沙发上懒懒地去看电视，其实是无效的，会让你变得更加心烦意乱。电视剧当中的爱恨情仇，情绪发泄，都会让我们的心情纠结。另外，看电视本身剥夺了我们的思维，让我们陷入一种被动接收的消极状态，这个时候，不利于身心的恢复。因此，排解不良情绪的最好的办法就是去做一件事情，跑步也好，插花也好，总之一定要去做。

在做事的过程中，你会慢慢发现其中的乐趣，只要你肯挤出一点时间来，将焦虑和烦躁的时间分解在做事情的过程当中，就一定能够有效地改变家庭里的气场。整理家里不用的衣物，将不需要的东西扔掉，改变家具的摆设，这些都可以给你带来全新的感受，让内心有一种小小的快乐。

其三，随时觉察自己。

在和孩子交流的时候，一定要客观公正地进行评价。当孩子出现错误，如果自己随口说出一句"你真笨"的时候，一定要有意识地去觉察自己，看看自己到底在给孩子传递什么，有用的还是没用的，最终想要一个什么样的结果。一旦发现自己的错误，一定要给孩子道歉，认识到自己的问题，告诉孩子你在那一刻的想法和情绪，比如：我这会儿心情不太好，说的话可能会伤害你，真是对不起。

其四，对孩子的错误，睁一只眼闭一只眼。

俗话说："金无足赤，人无完人"。对于孩子来说，家长过于追求完美，鸡蛋里也能挑出骨头来。这种极端要求完美的家教模式，给孩子带来的影响将是非常深远的。我们经常会遇到这样的人——不快乐，凡事挑剔，苛求完美，遇到一点问题就会不依不饶。仔细深究，会发现这些人身上都有自己父母的影子。

在家庭教育中，过分地追求完美，会导致孩子的自卑和自弃。因为父母从来不愿意说一句"你能行"，只会抱怨、啰唆，各种大道理翻来覆去地讲，孩子听得耳朵都起茧子了。在孩子看来，父母的这些苦口婆心，无非是想要告诉他："你不行！""你不够好"。正是这样的啰唆才导致了孩子的自我放弃。

我们都知道书画大师郑板桥，他一生的智慧就浓缩在四个字里——难得糊涂。对于我们家长而言，孩子不是工厂里的产品，我们也不是检查残次品的质检员，为何要较真到分毫不差呢？与其挑剔抱怨，不如难得糊涂，睁一只眼闭一只眼，让孩子随性生长。

那么，何谓闭眼？其实就是容许孩子犯错误，接受孩子犯错误；何谓睁一只眼，就是当孩子出现错误的时候，告诉他应该怎么办，让他反思自己错在哪里，今后该如何改进。学会睁一只眼闭一只眼，就是和孩子就事论事，让孩子看到自己错在哪里，问题是什么，这样就可以尽量避免家长负面情绪的发泄。

我不想和父母说话

小乐是个很活泼的男孩，可是，他和父母的关系闹得很僵，甚至到了尖锐对立的程度，为此他的爸爸妈妈非常痛苦。当他们找到我的时候，我让小乐聆听了一段轻松的音乐，然后让小乐在尽量随性自然的状态下，说出自己的心里话，并且用笔记录下来。以下是他写出来的：

我讨厌和父母说话。

他们太霸道了，每次都说我说话说得不对，每次都挤对我，说我除了吃喝玩乐，什么都不知道。

我本来是高高兴兴的，可是每次都被他们弄得心情很郁闷。

我索性不想理睬他们了，要是再惹我，我就跟他们一样，大家都互相挤对，看谁能说过谁？我才不怕他们呢。

他们说这都是为我好，其实才不是呢！

我宁可待在家里不说话，也不愿意听他们的挤兑。

我不说话，做个哑巴，看你们怎么办吧。

无独有偶，在我的学员当中，也有一些孩子看起来沉默寡言，被家长判定为不善表达，不喜欢说话，但是真正交往下来，我发现他们性格也是很活泼的，表达也非常顺畅，根本不存在家长说的表达问题。那么，究竟是什么原因让这些孩子不爱说话呢？

孩子们说，大部分原因是觉得跟大人说话没意思。每次说话，大人都会挑剔，觉得话说得不对；要么，就是觉得幼稚，根本就不屑于倾听。时间久了，孩子就觉得没必要说了。

●**心理分析**

在生活中，我们经常会遇到那些看似木讷的孩子。判定这些孩子极度内向，家长为此十分头疼，心里为此焦虑万分。其实大可不必为此担心。每个孩子都有可塑性，也都有自身的长处和优势，在某一时期不怎么说话，并不意味着这孩子就不善表达。这个说法其实听起来挺绕的，但事实上，在每个沉默孩子的背后，一定有着深层的心理原因。

像小乐这样的情形，我们其实并不陌生。

仔细问问自己，是不是生活中也会经常挑剔孩子？有没有说过类似"你这小屁孩，懂什么！"的话？

有没有想过，这句话有多大的杀伤力？

你可能毫不在意，但在孩子看来，却是一种否定和瞧不起，并由此刺伤了孩子的自尊心，让孩子产生挫败感，时间久了，自尊心受伤的孩子可能会就此消沉下去；还有的孩子，则会选择和家长敌对，采取不合作的态度，索性沉默寡言。小乐就属于后者。

这种不合作的对立情绪，不但不利于孩子的性格养成，更不利于孩子的学习和成长。

但是，站在孩子的立场，这种心理其实属于应激性正当防卫，面对家长们射来的口舌之剑，孩子们挺身反抗，也算是孩子本能自保的一种自然反应。然而，如果家长一味地给孩子造成伤害，孩子的这种应激性正当防卫使用频率过高，就会形成固定的心理模式，造成性格上的扭曲，并出现很多问题。现在我们来看看，这种有害的心理模式，到底会给孩子带来哪些伤害。

其一，孩子的应激性正当防卫一旦形成，就会喜欢攻击别人。

孩子应激性正当防卫的产生来自大人的经常性挑剔。

孩子本来是正常的顺畅表达，这个时候家长抛出一句："就你能？你能，咋不考好点呢？"这个让孩子如鲠在喉的挑剔，一下子就浇灭了孩子说话的兴趣。这句话犹如一个小小的炸弹，为孩子传递了这样的信息："你根本没资格说什么，滚一边儿去。"这个时候，孩子的应激性防御机制就会被打开。

试想一下，如果换作我们会怎样？肯定也会立马发火。

在长时间的刺激之后，孩子会时时刻刻处于防御状态，或者有意无意地提防别人的伤害。这种习惯，导致孩子戒备心过重，影响孩子人际交往能力的发展，不利于孩子健康人格的培养和情商的发育。

其二，孩子的心理模式会变成贬低别人，抬高自己。

从小乐的心里话里，我们可以发现小乐的思维模式就是："我没有什么不好，你偏要说我不好；这是在无中生有，我绝不认为我有错。"这种思维模式中有一个核心，就是绝不会轻易认错。为什么会造成这样的思维模式？因为父母无端的挑剔，导致他应激性的反抗。这种反抗，剥夺了他对自己的耐心思考，让他无法沉下心来，更不能冷静想一想自己是否有错误。

事实上，父母在挑剔他的时候，并没有明确的目的，也没有附加任何教育价值和教育意义，只不过是嘴边顺嘴说的气话，想说就说了，而且还充满着嘲讽的意味。这让小乐感受到被贬低和失落的痛苦感。

于是，小乐在与人交流说话的时候，都会有意无意地调动自己的情绪，将这种受伤的感觉重新唤醒，变得冲动易怒，而且时时刻刻总想要贬低别人，抬高自己，让自己屡次受伤的心灵得到补偿。

仔细分析，我们会发现，这是孩子在父母的强压之下，得不到释放转而向外释放的一个方法。长久的积压之后，孩子就会形成自己的说话风格——生硬、冷漠、出口伤人。

实际上，在生活中这样的人不胜枚举。他们说话的态度，简直让人难以忍受，让人听来就觉得好像在指责，潜台词就是"你有什么资格和我说话啊？一边去。"仔细分析这类人的说话方式，不难发现，其实主要原因就是，在小时候的家庭教育中，父母不注意细节，刻意找孩子说话的漏洞，拿孩子的话把撒气，这种伤害成为一种心理模式，长大后仍然潜伏在孩子的心灵当中，形成了孩子人格的一部分，直到变成孩子一生的心理模式，成年后会严重影响交际、生活和工作。

其三，孩子考虑问题过分主观，容易钻牛角尖。

当父母在挑剔孩子的时候，本身并没有教育性和教育目的，也没有什么依据和缘由，根本谈不上客观公正，仅仅是从看不惯孩子这一个心理因素出发，掺杂了自己的主观意愿，因而，这种简单粗暴的批判和挑剔，是具有非常大的杀伤力的。

遗憾的是，很多父母并没有沉下心来，仔细分析自己深层的心理原因，只是一味地挑剔、指责和批判自己的孩子，这本身就属于钻牛角尖。

对孩子来说，见样学样是天性。你钻牛角尖，我也钻牛角尖，上行下效，所以，家庭中父母的思维模式，就这样传给了孩子。从这个意义上来说，我们看见孩子的心理形成过程，其实，就是看见了自己。孩子有多少纠结，那么我们在成长的过程中也会有多少纠结。

然而，在有些家庭当中，父母能够有意识地发现自己的心理阴影，规避自己的问题，弥合自己的心理阴影，不再将自己的内心痛苦带给孩子。因为感受到自己的痛苦，觉察到自己曾经遭受过的伤害，在潜意识的深处，对自己的伤痛有更深刻的认知，所以这些家长在带领孩子成长的过程当中，会有效规避自己钻牛角尖，那么，孩子也就会变得活泼开朗，乐于倾听，并有效地表达自己的想法。

●结论与对策

当我们摸清了孩子的心理时，就能够有的放矢，针对孩子进行有效的情绪改善。我们积极倡导心灵家教的根本意义就在于：找到自己家教模式中的不合理之处，消除自己内在的心灵阴影，让孩子的心灵不再遭受同样的伤害。那么如何进行这方面的努力呢？以下提供几点建议，让大家参考：

其一，蹲下来，耐心倾听孩子的分享。

孩子在说话的时候，我们首先要做的一个姿态，就是俯下身来，微笑地看着孩子，看着他脸上的表情，这样才能够让孩子更有信心地说下去，并且乐于跟你继续分享下去。

我们的身高远远高于未成年的孩子，当他仰着脑袋跟我们说话的时候，心理上的不对等是非常容易引发无助和自卑心理的。如果仔细观察，你会发现，通常情况下，当孩子身高还没有超过我们的时候，他说话的语气和神态，都是小心翼翼的。但是一旦我们能够蹲下来，孩子的表现就会有所不同。起码那个时候，他能够平视着我们，从心理上将彼此的距离拉近。

当我们认真耐心地倾听孩子时，就可以从中听出一些问题，也可以从中听出一些美好来。

不知道大家有没有注意到，每个孩子在说话的时候都有自己独特的方式和口头禅。有的孩子喜欢用"真的，不骗你"这些字眼，有的孩子喜欢用"真牛啊，好喜欢啊"，还有的孩子会常用"滚，懒得听"……孩子使用不同的字眼，而且这些字眼使用的频率不同，多少也反映了这个孩子的内心情绪变化。那些说"真的，不骗你"的孩子，大多非常希望能够得到肯定和尊重，这时候家长千万不要说："是吗？"而是要微笑点头，说"我相信你说的。"如果孩子说"真牛啊，我好喜欢啊"这些字眼儿的时候，家长一定要注视着孩子的眼睛，认认真真地说："对呀，我也好喜欢呀！你能多说一点给我听吗？"

当我们在聆听孩子说话的时候，一定不要随便打断孩子，即便从他的话语当中发现了问题，也要冷一冷放一放，等到时机成熟的时候，再来跟孩子谈一谈。因为如果我们转换角色，用家长的身份来指出孩子的问题，那么，孩子的这一次表达就宣告失败了。这样有可能给孩子的自我表达之路带来困扰，这个世界上有可能会因此少了一位优秀的演说家。

我们能够对孩子的话题表示有兴趣，并耐心地倾听下去，这比一万个鼓励都来得更为有效。事实上，和一个孩子进行交流，最有效的办法就是倾听，保持耐心和兴致，倾听孩子的分享。

其二，分析孩子行为背后的心理需求，并积极回应。

有这样一句话，大家都耳熟能详："世界上没有无缘无故的爱，也没有无缘无故的恨。"每个孩子反差行为的背后，一定有着深层的心理原因。生活中很多家长会凭着自己的主观判断，一味地指责孩子的行为，却没有好好地去分析孩子行为背后的心理需求，从而导致了孩子和大人之间的矛盾对立。实际上我们最应该做的就是好好观察孩子，发现孩子行为背后的心理需求，并且去努力满足孩子的这个需求。

一个叛逆不听话的孩子，尽管家长要求他必须每天读完一本枯燥的书里的若干章节，但是他坚决不做，那么这个行为背后到底有什么心理需求呢？仔细分析一下，我们就可以知道，他之所以不做，是因为在整个读书的过程当中，他没有获得自己需要的东西。那么他需要什么呢？他需要鼓励，需要安慰，需要好玩，需要有趣。

就像我们成年人，当我们失意的时候，我们需要有暖心的励志书来给自己打鸡血，让自己振奋起来；当我们不快乐的时候，需要看一些喜剧电影来增加生活的趣味，找到人生的快乐；当我们在职场困惑的时候，需要相关技能的时候，我们需要看一些相关的专业书来提升自己。

同样的道理，当孩子不喜欢阅读枯燥乏味的书籍的时候，那说明他还没有体会到思考的乐趣，还没有这种心理需求。这就需要引导和鼓励，需要家长从中找到能够引起他共鸣的东西来激发他。如果强迫他，那是没有效果的，反而还会适得其反，引发孩子的叛逆。

唯一的办法，就是找到孩子的心理需要。很多家长会说，孩子有什么需要？他就是需要玩儿。这话说得很对。他需要玩儿，那就给他能玩又能学知识的书，比如让他每天说一个笑话，让他每天讲一个小故事，他就有兴趣去读书了。

仔细回想一下，我在青春年少的时候喜欢唱歌，因为没有任何人教导我，所以为了学歌，自己拼命去抄歌词、听歌，跟着人家唱，完全就是不折不扣的兴趣狂人。主动性从哪里来？就是从自己的心理诉求而来。其实仔细分析一下那时候想要唱歌的心里诉求，其实就是想听到父母说一句："你唱得真好听啊！"但是始终没有得到满足，为此我也常常痛苦不已。我想，有这种想法的孩子肯定不止我一个。

如果我们能够早一天分析孩子的反差行为，发现行为背后的心理需求，并积极回应这种心理需求，我想孩子的内心就不会这样荒凉，也不会选择对立和叛逆，更不会远离家庭。

家长能够发现孩子的心理诉求，并给出积极的回应，这是每个孩子的期待，也是家长的功课所在。

我比不过别人

女孩小落看起来比较内向，她的妈妈说，这个孩子不爱说话，最近似乎有什么心事，但是又问不出来什么，只好找我帮忙，看看孩子到底在想什么。

我让小落写出自己的心里话，随便说什么都行。她就写了下面的这些话：

今天放假，我和妈妈出去逛街。路上遇到了上幼儿园时候的好朋友莉莉。

本来我是很高兴的，和妈妈有说有笑，可是妈妈的一句话——"莉莉真是个小天才啊！"破坏了我的心情，真讨厌。

我最讨厌的话，每次都是这样从妈妈嘴里说出来的，我有时候真觉得妈妈简直就是个乌鸦嘴，她似乎一点都不懂我。

她总是挑剔我，然后又总是夸谁谁家的孩子是个天才。我真想反问她："难道你小时候就是天才吗？"

莉莉的妈妈可喜欢莉莉了。不住嘴地夸莉莉，可是我妈妈就会说一句话："哎呀，这孩子真好，我们家落落哪次考试能比过你们呢？哎呀，这孩子真是没法比。要是换给我就好了。"

我真想说，没法比就别比！

我妈就知道要我跟人家比，今天要比过第十名，明天要比过第六名，后天要比过第一名，真没有意思。

反正我比不过别人的，也不用逼我。

这几天大队委选举，明明该选举我当大队长的，我都拉了好多票了，结果还是被别人抢了去，凭什么啊！我的分数比别人差吗？真不公平！

这个事儿我想起来就难过。

妈妈说，只要努力就能有结果，可是我觉得我做得蛮好的，我也很努力了，我明明比过别人了，为什么还不能实现这个梦想呢？

当不了大队长，成绩也比不过莉莉，真够失败的。

真郁闷，算了，不争了，反正也没有用，我比不过别人。

●心理分析

这是11岁的落落对自己现状的描述，表达了她内心的困惑，从字里行间可以看出落落十分无奈，尤其是，她对自己没有能够竞选上大队长一直耿耿于怀。

我们再来仔细分析一下小落写的这两件事：一件是妈妈的，是说妈妈夸莉莉，自己很愤怒，很反感；另一件事，是说自己的，是说自己在学校大队委选举中失败，很受伤，很困惑。两件事看似不相干，为什么小落却要放在一起来说呢？其实都来自同一个心理：盲目攀比心理。

那么攀比心理是怎么来的呢？对孩子的成长有什么影响呢？这里我们来进行分析。

先说正面积极的影响。

应该说，适当的攀比，是人类的天性所在，在社会心理发展中，是再正常不过的了。我们都知道，人有社会属性，在群体中生活势必要竞争，为了竞争就需要比较，由此，攀比心理在某种程度上可以提高孩子的学习动机，刺激孩子的好胜心，这也是很多家长之所以要不断刺激孩子去攀比的根本原因。

在案例中我们可以看到，小落之所以想要当大队长，就是想要超过别人，而且在选举的过程中，大家都会有拉票的做法，他们拉票也是互相攀比，看谁拉的支持票多。我发现，在学生当中有这样一个不良的现象：班干部选举过程中，为了拉票，很多孩子不惜动用手里的零花钱进行贿赂。争到最后，实际上就是谁家里有钱，谁拉的票就最多，谁就可以当选班干部。不可思议的是，在这些盲目攀比的过程当中，很多家长也参与其中。

这样就让竞争变成了一种并非势均力敌的竞争了，失败的孩子会怎样想？不公平的竞争，给孩子带来的负面消极影响可想而知。

因此我们可以看到，攀比心理看起来貌似有用，但实质上却暗藏不良的心理动机，对孩子的成长具有很大破坏性。那么，它到底有什么危害呢？

其一，盲目攀比心理降低了孩子的承受力。

孩子毕竟是孩子，心灵是脆弱的，情感承受力是非常有限的。攀比给孩子的心理造成了负担，只会降低孩子的承受力，制造过多的困惑，不利于孩子的成长。

如果小落从一开始就是本着"参与就是快乐，展示自己就是快乐"的初衷，那么她内心的苦痛和失落就不会这么强烈。但是现在，她失去了这种承受能力，因为她已经习惯了和别人比，习惯了想要超越别人。她不愿意被别人比下去，因为在她的内心深处，觉得被比下去是丢人的事，是失败和耻辱。

小落说，每次考试成绩比不过别人，她就会好几天打不起精神；要是成绩比过了谁，她就会兴奋不已。频繁的心理波动，让小落患得患失，总是感到莫名的紧张，没法放松下来。

事实上，这种因攀比而刺激出来的好胜心，是极为有害的一种心理模式。这种心理模式，不但不利于社会的发展，更不利于孩子的学习、工作和生活。

随着时代的发展，我们需要共赢思维、多赢思维，需要用多元化视角来看待生活，需要团结互助，而不是基于攀比心理的恶性竞争。这些都是家长需要重新梳理、重新建立的价值体系。

其二，盲目攀比心理，容易造成孩子好胜好斗、斤斤计较的性格。

我从事培训工作这些年，接触过不少学生，发现了一个普遍的问题，那就是很多孩子容易争强好胜，认为退让就是吃亏，就是失败。因而在交往中出现了矛盾，不打个头破血流誓不罢休，谁也不服谁，谁也不让谁。显然，家庭教育给我们带来的负面影响是非常巨大的，和别人比较的惯性思维模式已经根深蒂固。我把这种教育姑且叫作"因果悖论"教育。我们想要的"果"是让孩子爱上学习，喜欢学习，但是我们种下的"因"却是争强好斗。不能不说，这是在南辕北辙，缘木求鱼。

其三，盲目攀比心理让孩子陷入内心的牢笼。

如果家长每天给孩子灌输的是必须有好胜心，努力与他人攀比的思想，那么时间久了，孩子将会形成患得患失的心理模式：有了荣誉高兴，得不到荣誉就沮丧；心理调节能力越来越差，不能对自己进行客观公正的评价，活在别人的眼光下，常常以比过别人为荣，比不过别人为耻。

在生活中，这样的孩子越来越多，其主要特点就是容易受到他人影响，一句话就能够搅动情绪，难以适应未来变幻莫测的社会现实。

其四，盲目攀比也会导致孩子的物质化。

许多孩子互相攀比书包、文具的高档与否，攀比鞋子是否名牌，这个现象引起了很多家长的关注。其实孩子想要好东西本来无可厚非，但是为了和别人一较高低，过分讲究物质，过分追求荣誉，难免会产生负面的影响，造成性格扭曲。一方面，这是社会风气使然；另一方面，也是家长没有给孩子正向指引的结果。过分的攀比，间接导致了孩子虚荣心的滋生，对孩子的性格成长危害极大。

● **结论与对策**

"没有比较就没有鉴别"，这是至理名言。我们想要让孩子看到别人的优点，并且从中学习他人的优点，这个出发点是完全正确的。关键在于，我们在引导孩子和别人进行比较之前，一定要有这样的心态，我的孩子有自己的优势，别人的孩子也有他自己的优势。这个心态如果摆正了，我们就可以尝试跟孩子心平气和地来谈谈。

以下是引导孩子读书的谈话：

妈妈："小宝，你刚才在读书啊？"

小宝："嗯，我看了您刚买的书。"

妈妈："你能自己找一本书，认真读下去，真是做得很棒。"

小宝："可是，您上次还说很喜欢小楠楠，想换他做您的孩子呢！"

妈妈："妈妈那是开玩笑的。妈妈怎么可能舍得？我家宝宝也有自己的优点啊。小楠楠爱看书那是他的优势，我们家宝宝，看的书虽然少一点，但是特别喜欢思考。我当然不舍得换啦！"

小宝（高兴的样子）："我这本书还没看完，我要去看书了。"

以下是引导孩子写作业的谈话：

小宝写完作业后，妈妈让他自己检查一遍。

妈妈："小宝，你今天作业写得特别快，自己检查了，又都是正确的，真棒！"

小宝："可是小楠楠每次都写得很快，你不是说我永远都比不过小楠楠吗？"

妈妈："那说的都是气话，楠楠作业写得快，但是，有可能会出错。我们家小宝虽然写得慢一点，但是每道题都写得很认真，能保证每道题都做对。我家的小宝，还有很多优点，我还要慢慢发现呢！"

小宝（害羞的样子）："我今天作业写得有点慢。不过，楠楠写完没多久，我就写完了。"

妈妈："那不错呀，养成这个好习惯，那可不得了呀！"

小宝（高兴点头）："我知道了！"

从以上两段案例可以看到，家长抱着"别家孩子好，自家孩子也好"的心态，在充分尊重自家孩子的基础上，让孩子既看到自己的优势，也反观别人的优势，在巧妙的鼓励和对比之下，孩子产生了良好的心理——想要做得和别人一样好。在这里，既没有提倡竞争，也没有提倡攀比，而是让孩子互相学习，互为榜样，充分尊重并维护了孩子的自尊心，让孩子自然而然生出上进心来。

在此，我提出以下几点建议：

其一，家长想要运用比较激发孩子的好胜心，一定要明确教育的目的，要让孩子求上进，而不是为了和别人盲目攀比。

其二，在引导孩子比较的时候，一定要让孩子看到自己的优势。既不抬高自己家的孩子，也不抬高别人家的孩子，公正地指出双方的优点，这是基本原则。

其三，在进行比较的时候，要把握好顺序，先说自己孩子的优势，后说别人家孩子的优势，说优势的时候，一定要有理有据，而不是盲目夸赞，更不能泛泛一般地夸。比如，仅仅夸孩子聪明是不足取的，应当结合孩子的具体行为来进行正面评价。

其四，在进行比较的时候，一定要正面积极引导，不光指出弱点，也要提出优点并且尽量避免指责和侮辱的词语。

不做父母的出气筒

小罗的情绪总是不稳定。父母把他送过来的时候，我看到老师的评价，说他每次上课的时候，总是会和周围的同学闹矛盾，有几次气得大吼大叫，甚至站在桌子上，大叫自己不想活了。

为了走进小罗的内心世界，我花费了一个下午的时间，和他在一起聊天。聊他对父母的看法，最终小罗将自己的心里话写了出来。以下就是他的原文：

爸妈对我还行，我只要不惹他们，我们的关系就还可以。

不过，要是遇到他们的心情不好，他们准保会来找我的麻烦。

每次爸爸妈妈吵完架，爸爸就会怒气冲冲地来找我茬，我知道他是找茬，所以我绝对不能容忍他这样。

我妈妈说，谁惹了我，我就要他好看。否则以后就会被人欺负。

在班里，我最不能容忍别人侮辱我，谁要是侮辱我，我一定还击，给他点颜色瞧瞧。

每次爸妈吵架，妈妈总是对爸爸说，"别惹我，否则我跟你没完。"每次他们吵架都没完没了，真是烦透了。

我不想做他们的出气筒，谁要是惹我，我一定要跟他没完，哪怕是鱼死网破。

其实在平静的状态下，小罗还是一个蛮快乐的孩子，外表看起来，十分开朗活泼，他笑的时候，小眼睛眯起来，十分可爱。说话也头头是道，但是他最大的缺点，就是人际关系搞不好，喜欢起哄，看别人的笑话。

老师常向他的父母告状，说他每次看见别人挨揍、挨批，他马上就来了兴致，煽风点火，唯恐天下不乱。每次跟人起纠纷，他往往先动手，喜欢用暴力解决问题。

像小罗这样的孩子，任性而天真，个性中有强烈的自我保护意识，崇尚强大，喜欢用武力来处理问题。事实上，根据心理需求来分析，这类孩子如果本身体魄弱小，那么他就会更喜欢权力，希望自己能在老师心目中获得重要的地位。小罗就非常希望和老师做朋友，尤其是能够得到老师的认同，这样，他就觉得自己厉害、自己有面子。

那么，对于这样的孩子，我们该如何疏导他的情绪呢？

我们先从这个心理机制的形成开始说起吧。

孩子从呱呱坠地那一刻起就缺乏安全感。从心理学上讲，婴儿在脱离母体的那一刻，其内心就处在一种恐惧中。在后来的生活中，通过和母亲的接触——皮肤的接触、乳汁的吮吸，他们慢慢有了安全感。孩子的成长由此开始，心理的健康发展也有了契机。

反之，如果在外界环境中，孩子经常遭受到吵闹打骂的影响的话，那么孩子的思维意识和心理模式也将会受到影响，并通过潜意识的改变，会出现暴力倾向。

我们如果仔细观察就会发现，当父母在家庭中出现打骂行为的时候，孩子就会有不安和恐惧的情绪，他会本能地排斥这种恐惧和不安，所以也会选择使用暴力来驱除这种恐惧和不安。

在家庭中，很多家长对孩子，不是动之以情，晓之以理，而是大多以权威自居，通过威胁打骂来加深孩子的恐惧，孩了最终因为敬畏而不得不服从，这种行为导致了孩子成年后的简单粗暴、欺软怕硬、蛮不讲理。

目前不少地方还有父母觉得打孩子是天经地义的，认为不打不骂不成器，虎妈狼爸才能让孩子成才。实际上，这些想法剥夺了孩子的权利，严重违背了人性的道德。如果父母经常采用这种方法来教育孩子，那么势必将这种粗暴的行为意识，植入孩子的头脑中，形成固定的思维模式，孩子将来也会这样对待自己的孩子，对待身边的人。

我们怎样才能让孩子从暴力中解脱出来，让孩子冷静面对问题，解决问题呢？这里有几点建议，供大家参考：

其一，觉察自己的愤怒情绪。

孩子的问题其实都是父母的问题，孩子的暴力倾向，是父母经常将愤怒抛撒在孩子身上长时间形成的思维模式，最终造成的错误结果。因此，当家长发现孩子经常出现暴力倾向的时候，就要冷静地思考一下，仔细地审视自己，是不是经常性地对孩子发火，将愤怒发泄给了孩子？

不管你的愤怒是因为生活的重压，还是他人的屈辱，都要仔细地想一下，当你的愤怒像炸弹一样，扔给了孩子之后，孩子会怎么承受？他也会拿着这颗炸弹，抛给别人。于是，愤怒的情绪，就像瘟疫一样迅速地扩散和传染，形成恶性循环。最重要的是，它会成为一种生活模式，给孩子带来人格的损害。

你再仔细地想一下，除了发火，难道没有别的办法吗？愤怒是无能的表现，向外发泄，有可能会伤人；如果向内疏导，则会变成勇气和力量。关键是，你要作何选择，是被情绪控制还是主动来控制情绪。如果你选择后者，结果将大为不同。

你发现愤怒情绪出现的时候，当务之急，是要觉察并尽快清醒。这时最应该做的就是，一个人冷静下来，给自己10分钟，关起门来，静静地反思，而不是见人就发泄，拿孩子撒气。

你会清醒地认识到，自己已经没有能力对孩子进行客观的评价和教育，因为在那一刻，你眼里看到的孩子哪儿哪儿都不好，甚至糟透了。但那并非事实真相，而是你的情绪放大了孩子的缺点，你的眼睛看"污"了孩子。

其二，向孩子说明情绪不好的事实。

很多孩子面对怒气冲冲的父母都会手足无措，心有余悸。即便父母不去指责孩子，他也会由此心生恐惧，在内心里面苛责自己，认为是自己惹父母生气，让父母无比愤怒。这种苛责和恐惧，如果不能得到有效的释放，将会陪伴孩子终生，给其心灵戴上沉重的枷锁。

关键的问题在于，孩子并不知道，这种情绪跟他无关。因为父母从来没有跟他说明自己情绪不好的事实，并且可以通过自我调整来化解。

生活中我们常常会遇到这样一些人，遇到一点小事，就会怒不可遏，破口大骂或者暴力相向。为什么会这样？因为父母曾经有过的处理问题的方式，深深地印在了他们的灵魂深处，形成了自动化的反应，这些人的愤怒情绪就像一个按钮，一旦触发，童年时遭受到的一切就会重现。

如何破解这个情绪的魔咒？其实并不难。

做父母的一定要先让孩子认识到，情绪的出现是很正常的。比如，某天你工作不顺利，有挫败感，心里有点愤怒，就可以明明白白地告诉孩子："我这会儿心情不太好，有点想发火。跟你没有关系。需要安静一下，很快就好的。"

这样的一个交代，能够让孩子认识到，情绪这个东西并不可怕，而且是可以控制的。他也会慢慢学会像父母这样来处理。

显而易见，愤怒只是人的一种正常表现。不管是刻意的压制，还是向他人发泄，都是不足取的。让孩子看到你在冷静地处理愤怒的情绪，就是对孩子最好的教育，也是能够让孩子学会不抱怨、不使用暴力的最有效方式。

第四章

让孩子喜欢上自己，做个积极乐观的人

　　积极心理学认为，一个经常在正能量影响下的人，将会积极乐观，即便是遭遇到了挫折，也会奋起直追，直到超越困境。孩子的人生漫长，不管未来如何，作为父母，虽然不能够陪伴他终生，但是可以给孩子提供一个充满正能量的心理磁场，给孩子灌注正能量，用无形的心灵力量影响他，这将会让孩子受益终生。

用大拇指表达爱

我和朋友一块聊天，她6岁的女儿也坐在那里，朋友临时走开了下，我问了孩子一个问题："你觉得幸福是什么？"孩子很老成地说："没有人爱我，我没有幸福。"我又问她："你觉得你妈妈喜欢你吗？"孩子想了想摇头说："不喜欢，因为我是个坏孩子。"

跟朋友讲了这些，朋友很惊讶，委屈地说："我每天都给她买很多东西，她想要什么我就给她什么，她居然说没有人爱她，没有人喜欢她，真是不可思议！孩子是不是在撒谎啊？"

我问："你的孩子是不是不爱学习，逃避写作业？"朋友点头说："是。"我又问她："是不是孩子还特别怕离开你？"朋友很惊讶地问我："你怎么知道的？"

我笑了，说："你恐怕平时很少和孩子聊天，也很少夸奖孩子。"

朋友点点头，仔细想了一下，说自己脾气很急躁，经常挑剔孩子的毛病，拿孩子和别人家孩子作比较，越比越生气，一生气就会骂孩子。

仔细想想，朋友的孩子说自己没有人爱，其实不是指外在的爱，而是从心理需求的层面来说的。因为在心理的层面，孩子对自己的评价是非常低的，她觉得自己不值得爱，不值得人喜欢，包括自己的妈妈。

事实上，孩子的心理发展是层层递进的，如果一个孩子心理层次没有获得满足，那么向上发展就几乎不可能，这样一来孩子的心灵成长就会停滞不前。

作为家长，有必要了解孩子的心理发展水平，引导孩子获得心理的满足，逐步实现自我的发展。

根据马斯洛心理需求层次，排在第一个层次的是生理需求——饥渴和温饱，大部分孩子在这个层面都能够获得满足。第二个层次——安全和保障，很多孩子都有父母陪伴，能够得到关心和呵护，过着正常的家庭生活，这个心理需求也能够得到满足。第三个层次——爱和归属感，孩子希望能够得到认同，害怕被抛弃，希望能够被发现。这时家长就需要检查自己的家庭教育，是不是能够给孩子足够的爱和归属感。

像我朋友的孩子这样，在家经常遭受妈妈的批评，在学校里成绩不好，心理上没有归属感。在她眼里，妈妈不喜欢她，更谈不上爱她，因为归属感这个层次的心理需求不能得到满足，孩子就转而向下，求第二个层次，那就是安全感。我们可以看到，这孩子缺乏安全感，胆小，害怕失去妈妈，害怕被人抛弃。

在生活中，我们会发现有不少这样的孩子——在家里经常闯祸，搞破坏。很多家长会认为这孩子不省心，喜欢惹麻烦，被称作调皮捣蛋的坏孩子。实际上，这是他想用自己的方式来试探大人们对他的爱，也想通过这种方式引起大人的关注，证明自己的存在。如果是这样的孩子，家长就要引起注意，这个孩子内心缺少爱和归属感，家长要给予其更多的鼓励、表扬和关注。

一个孩子在人格发展过程中，如果他的心理层次没有得到满足，那么人格也就没有办法完整和健全，当大人们过分压制他，使用暴力对待他，给孩子提供一个负能量的心理磁场时，孩子就会出现许多人格障碍，诸如自暴自弃、压抑、愤怒、仇恨、叛逆等。

事实上，这些年通过咨询和心理课程，我接触了越来越多这样的孩子，这说明，我们的家庭教育似乎走进了一个危险的胡同里。许多家长过分追求成绩，忽略了孩子的内心需求，导致问题频出，虽然吃得饱穿得暖，有学上，有东西玩，但遗憾的是，不快乐的孩子越来越多。

何谓好孩子？这个问题值得每个家长重新定义。如果这个孩子有上进心，能够主动安排自己学习、生活等方面的事情，那么，尽管他可能会做得不尽如人意，成绩不是太好，但只要愿意主动去承担责任，知道自己的目标是什么，有自己的理想和行动原则，他的人格也是完整而健康的，在未来会有很大的发展空间。我们要培养的，其实就是这样的一个孩子。

那么，一个好孩子完整而健康的人格从何而来？当然不是天生的，而是后天家庭教育的熏陶和家长良好人格的感染而形成的。当我们满足了他内在的心理需求时，孩子就会有意愿积极行动，愿意通过完成一些任务，获得爱的归属感，并在此基础上进入第四个层次，追求荣誉和尊重，并为此而付出努力。

孩子的健康成长，其实就是心理需求逐步获得满足的一个过程，当孩子发出心理需求信号的时候，家长要密切关注，引导孩子学会心理调节，达到心理发展的自给自足。

我的女儿在上幼儿园的时候，有一次回到家里有些不开心，我问她怎么不高兴，女儿说："老师说我流鼻涕，很恶心。"我很同情女儿，赶紧给她安慰："哦，流鼻涕是很正常的，每个人感冒都会流鼻涕，你们老师也会的。没什么的，妈妈小时候也流过。流鼻涕，我不在乎，我还是喜欢你。"女儿还是很伤心地说："可是小朋友们说恶心，都不跟我玩儿。"我知道女儿的自尊心受到了挫伤，她害怕被大家排斥在外，甚至也害怕我不再爱她。我就赶紧引导说："没关系。每次鼻涕流出来，一定要擦掉，就像这样擦。"我给女儿做了示范，女儿很配合，也很快学会了，然后我又跟女儿说："为了快点好，我们去医院配点药吃，如果药很苦，你能忍受吗？"女儿点了点头，说："愿意。"

我并不知道她是否只是嘴上说说，但我要引导的是，她要说到做到。因为她得的是比较顽固的鼻炎，需要吃好多副中药。女儿为了获得小朋友们的尊重和认同，每天都要喝很苦的中药，需要忍受喝药的痛苦。喝了近三周的中药，她的鼻炎基本痊愈。每次她喝完中药，我都会竖起大拇指说："宝贝，你真棒，我爱你！"从此以后，不管是发烧还是拉肚子，女儿都能够安安静静地接受打针、吃药这些痛苦，在她的意识里，想要让烦人的疾病走开，就必须承受另一种痛苦，别无他法。

在这个事件当中，孩子认识到流鼻涕并不让人恶心，是很正常的，由此她克服了内心的羞耻感和恐惧感，并且愿意为实现不流鼻涕这个目标而承受了喝苦药的痛苦，付出了代价，最终获得了内心的归属感，促成了心理需求的自给自足。这个时候，我们所能够给予孩子的，就是竖起大拇指说："你真棒，我很爱你。"

我们要明白，孩子的心理归属感，不是一句"我爱你"就可以轻易获得的，而是在一点一滴的引导中，让孩子逐步发现自己需要承担的责任和任务，只有付出努力，完成任务，才能获得他人的认同和尊重。

用"我相信"唤醒孩子的自信

在生活中，我们经常见到那些学习上没有主动性、做事半途而废的孩子。一开始上学的时候，兴趣还是满满的，但是到了三四年级，就会出现厌学、逃学、打架等反常行为。为什么会出现这些问题呢？很简单——孩子向上的心理需求没有得到满足，求而不得，就只好转而向下，心灵停止生长，过分强调获得安全感，追求感官刺激，认知上出现了岔路。

我们来看看孩子是怎样受挫的。

进入学校以后，孩子势必要进行成绩的比拼，来证明自己有别于他人，并让父母知道他是聪明的。他自己也需要通过学校的评优和排名来确立自己在群体中的归属。这是一个非常残酷的现实，也是孩子被社会化的第一步。

如果孩子某次成绩失误，那么不但会遭受老师的批评，而且家长也会恶言相向，这还只是外在的表象，实际在孩子的内心，已经有一种深深的挫败感和失落感。这时候，孩子的心理需求受挫，找不到归属感，情绪消极，他就会将自己划归于所谓的不被父母重视的孩子的行列。

有句话叫"物以类聚，人以群分"。其实在心理学上，这叫自我定位。在学校里我们经常发现，学习好的同学就会和学习好的同学做朋友，学习差的呢，通常就只有跟成绩差的做朋友。为什么？这就是孩子心理上的一个定位。每个孩子都会主动将自己划归为某种群体，并在这个群体中获得归属感。

对于这些厌学、逃学、打架的孩子来说，他们对尊重、理解和爱的需求从父母那里得不到，就只能从朋友中间获取，从自己归属的这个群体里获取。于是，孩子们之间的圈子建立了，他们一块打架，一块闯祸，其实目的也只是获得归属感。在这个群体当中，孩子获得了一种满足，找回了一些心理的平衡，但实际上，这种畸形的平衡，会导致孩子在认知上出现偏差和错误。

如果家长能够在孩子需要爱和归属感的时候，及时地进行引导和救助，那么孩子就不会走入歧途，心理的发展就会顺利进入下一个层次。

在马斯洛的心理需求理论中，前两个心理层次是本能需求，而第四个心理层次——尊重和肯定，则是获得向上发展的一个最关键因素，也是人类突破自我要走的必经之路。这个层次向下承接的是爱和归属感，向上则是推动价值感和自我实现的加速器。

当第三个层次的心理需求获得满足时，人就会有自尊心，对自己有信心，有决心。在未来的发展中，他就可以对自己进行规划设计，一步一步地实现自己的价值。反之，他会怀疑自己，沮丧、无助，转而向下寻求爱和归属感。他就会沉溺在和自己一样的朋友中间，希望不要被抛弃，希望能够被大家接受，被父母疼爱，过分在意父母和老师对自己的看法。

这个时候，如果家长和老师能够采取正面的鼓励，重新让孩子获得第三层次的心理满足，那么他的成长就还会有转机，逐步过渡到第四个层次的心理需求。

那么，第四个层次的心理需求，对孩子的发展到底有什么样的影响？对人格的成长有什么推动作用呢？

我们知道，每一个成功的人都是基于自我价值和自我实现的需求，并努力追求心灵的满足。对孩子来说，他们热爱读书，热爱学习，热爱自己的生活，对待身边的人充满热情和爱心，这些最重要的心理动机来自自我得到尊重和肯定这个心理满足的基础。

在一个成功者的内心里，他们对自己的评价是"我能"，他们对自己的能力有足够的信心，对自己的行为有足够的自律，他们知道自己怎么做可以达到目标，也知道为了目标必须做什么，即便是冒险，只要付出努力，就一定会有好的结果。

而在失败者的心里，他们的评价是"我不行"，他们认为自己什么也做不到，也不可能做到，所以他们觉得自己做什么都是无用的，也不愿意去冒险，只想贪图舒适、安全和安逸。

对于那些不爱学习的孩子来说，如果仔细分析他们的心理，你会发现，在他们看来，自己笨，再怎么学也学不好，也没有机会学好，不管如何努力都是徒劳的。为何这些孩子会有这样的心理呢？答案很简单，在他们最需要鼓励的时候，接收到的是批评和打击，这些"我不行"的负面评价，其实来自父母师长，也来自他所在的那个群体的负面影响。

如果父母能够尊重和肯定孩子，理解孩子，给孩子正向的指引，那么孩子就会变得懂事、开朗，做事也会有条理，有信心。

事实上，在家庭教育中，我们如果能加强对孩子心理需求的分析，对孩子的表面现象做深入的剖析，就能够更深入地去理解孩子，尊重孩子，拯救孩子的自信心。尤其在孩子失败的时候，一定要用正面积极的引导，用足够的耐心，鼓励和支持孩子。这个时候一句鼓励的话，一个欣赏的眼神，都可能给孩子带来温暖，拯救他即将枯萎的信心。

著名教育学者周弘用赞赏和信任拯救了女儿的人生。她的女儿先天残疾，但是他从来没有把女儿当作残疾孩子，而是悉心地引导，耐心地给孩子植入正向的信息，让孩子知道，自己和别人没有差别，每个人都是独一无二的，都有完整的人格，只要付出努力，都可以实现自己的梦想。在给孩子传递正向信息的同时，他自己也深信不疑，认为只要家庭教育正确得当，即使是身体残缺的孩子也可以有灿烂的人生，为此他一直坚持，并用心耕耘，让我们见证了赞赏教育结出的丰硕成果。

何谓赞赏？其实就是理解孩子，相信孩子，尊重孩子的人格，从孩子的完整人格出发，多了解孩子的内在需求，不去粗暴专断地指责、谩骂和侮辱。其实就是一句话："我相信你！"这是父母对孩子无条件的信任，相信他可以，相信他能行。

当我们仔细观察孩子的行为，分析孩子行为背后的深层心理时，就能够了解孩子心理发展的层次，明确孩子处于哪一个等级，也就可以知道孩子最需要的是什么，这个时候我们给予孩子心理的满足，就能够唤醒孩子的求知欲望。在这个时候，不断地跟孩子说"我相信你，加油！"，将会胜过所有说教，拯救孩子的自信心。

唤醒孩子的梦想

美国一个幼儿园里，老师让小朋友们写出自己的梦想，结果男孩甲想了好久却想不出一个梦想，老师就问班里的小朋友们："谁愿意将自己的梦想卖给男孩甲？"

男孩乙举手表示愿意，因为他有两个梦想：一个梦想是做农场主，养很多羊；另一个梦想就是要到埃及去研究金字塔。他犹豫了片刻，最终由老师做证，将自己的第二个梦想卖给了男孩甲，并获得了男孩甲的5美分作为酬谢。

三十年过去了，男孩甲即将实现自己的梦想，为了这个梦想他付出了很多努力。因为想要到埃及，他就需要了解埃及的风俗，于是他一直在搜集相关的资料。在这个过程中，他结识了自己漂亮而又志同道合的妻子，同时他们的孩子也为了这个梦想，考取了一所有名的大学。

然而有一天，他却接到了法院的传票。

原来是男孩乙要终止自己的合同，希望能够买回自己当年的梦想。男孩乙很早就实现了自己的第一个梦想——做拥有很多羊的农场主。梦想实现之后，他觉得自己失去了动力，不知道自己想要什么，生活毫无乐趣，还想起了自己卖掉的那个梦想，心里非常后悔。

结果怎样呢？男孩甲拒不同意卖掉梦想，最后，他决定，如果男孩乙实在想要买回这个梦想的话，那就必须支付给他3 000万美元才行。

关于这个梦想的故事，有人说这是一个寓言，有点荒诞，但这是一个真实的故事。梦想是一个人成长的动力，从心理学上分析，梦想关乎一个人的自我价值。

在我的课程当中，我也经常让孩子写这样的作文："我的梦想"。其实在小学四年级课程里，语文教材就已经有这样的写作要求了。这个写作训练看似是写作文，实际上是促进了孩子心理的健康发展，提升了孩子的自我价值感。如果孩子在不同的阶段有不同的梦想，就证明孩子有向上求索的意愿，有真心想要获得发展的动机。写作的主要目的，就是要培养孩子树立目标的意识。

我在孩子的写作中发现，有一部分孩子并不知道自己能做什么，所以他们没有梦想；还有一部分孩子，他们的梦想是为了应付老师，应付作文而编造出来的，这说明这些孩子的发展欲望不大，没有人生的整体规划，对自己的价值没有真正的认识；还有一部分孩子，他们的理想很真实，代表了自己真实的爱好和愿望，比如有的孩子喜欢舞蹈，梦想就是要做舞蹈家或者舞蹈演员；有的孩子喜欢写作，梦想就是要当一名作家；有的孩子喜欢画画，梦想就是做一名画家。这样的孩子能够从自己的兴趣出发，对自己的人生有长远的展望，如果能在老师和家长的指导下，根据自己对梦想的规划和设计一步步前进和努力，那么他将会距离自己的梦想越来越近。

为什么孩子对未来的梦想的设想会如此不同？到底是什么造成的呢？

　　我们先来看看没有梦想的孩子。从心理上分析，我们可以判断这个孩子对自己没有认同感，也可以知道在他的第四个心理需求层次（尊重、理解和肯定）上没有获得满足。他对自己的能力没有认识，对自己的价值没有认同，他们不敢梦想，不敢相信自己的能力，这就是这类孩子的问题所在。

　　像第二种孩子，他们有梦想，这种所谓的梦想，不过是为了应付差事而敷衍了事。这说明，孩子在第三个心理层次（爱和归属感）上出现了问题，心里没有获得满足。他们不能体会到尊严，没有感受过被肯定的快乐，也就无从了解自己的能力所在。梦想对他们来说可望而不可即，所以他们属于自卑而没有自我认知的孩子。

　　家长在教育孩子的时候，不仅要夸奖孩子，还要让孩子勇于梦想，敢于梦想。梦想是孩子认识自己、提升自己价值的一个有效途径，即便孩子不是那么优秀，但孩子敢于梦想，这说明孩子对自己的能力是有信心的，孩子的心理发展就是有空间的。

　　如果发现自己的孩子连梦想是什么都不知道，那很有可能是孩子缺乏自我价值感，不知道自己的能力，对自己缺乏认知。这个孩子一定是在家庭教育中受到了压制或者是粗暴的对待，家长一定要针对自己的问题，检讨自己，重新认识孩子，带领孩子找到一个属于他的梦想。

　　可是，如何帮助孩子寻找梦想呢？

　　这里我列举一个自己的小小事例，做个简单的分析，希望朋友们可以举一反三，找到适合自己的方法。

　　女儿在2岁多的时候，有一次问我："妈妈，我长大能做什么呢？"我没有直接回答她，而是讲了一个故事：有一天，从美国和法国来了好几个记者，他们都想采访一个人，这个人是个中国小姑娘，非常可爱漂亮，而且还很懂事，她的名字叫郭一朵（我女儿的名字）。美国记者就问："一朵，听说你画了一幅很美的画，请问你是怎么画出这么美的画的？"讲到这里，我停了下来，等待女儿的回答，女儿赶紧说："我喜欢画画。"

　　于是我又继续讲道，美国记者问："你除了画画，还是一个著名主持人，请问你是怎么做到的？"女儿赶紧说："因为我的声音很好听，我很喜欢说话。"美国记者又问："听说你还喜欢舞蹈，喜欢唱歌，请问你怎么会这么厉害呢？"女儿赶紧回答："因为我喜欢跳舞，喜欢唱歌，我还爱吃饭，能变聪明。"

我将女儿的"无限能力"都通过这个故事传达出来，同时让她自己来回答，这样既让她看到了梦想的真实性，又让她有了鼓励和内在的想象，使女儿获得了第三个心理层次的满足——肯定和重视的心理需求，同时又让她有了第四个心理需求层次的发展可能性——自我实现和自我价值感。

在孩子很小的时候，进行这种正向的积极引导和暗示，将非常有利于孩子心理需求的满足。与此同时，孩子既没有受到大人的强制，又没有受到大人的干涉，而是可以自发地看待自己，给自己预设一个美好的自我形象，孩子的心理就会自给自足地成长起来。由此，孩子也就可以乐于梦想，把梦想当作自己未来一定会有的结果，那样一来，孩子也就有了学习和生活的动机，兴趣就激发出来了。

信念，是成功的基础和力量。家长帮孩子建立一个梦想，并非任务，而是将一个"我能行"的信念植入了孩子的意识里，从此之后，孩子将以此作为前进的动力，为此不懈努力。

让孩子觉得自己很重要

人老了为什么会失落？为什么人没有工作，整天待在家里会有无力感？原因就在于，他们觉得自己失去了重要性，自身失去了价值。

对孩子来说，不知道自己的重要性，不知道自己有什么作用，这也是一件非常痛苦的事情。当孩子坐在教室里，看着黑板却听不懂老师在讲什么，写作业又什么都不会，再加上老师认为他可有可无，那样一来，孩子就会陷入极度的无助。

虽然我们从外表上看不出来孩子在想什么，但实际上在孩子的内心，已经认识到自己是无用的；当听见大人骂他"笨"时，他表面上看并没有受到伤害，但在很大程度上他获得了负面的认同，觉得自己毫无价值，一点用处都没有。

一个人的自我价值感真的很重要吗？答案是肯定的。

事实上，一个成功人的努力动机大部分来自内心"我很重要"的自我定位。他定位自己对家庭很重要，对社会很重要，那么，这个人就会以自己是个"重要人物"的心态来对待自己，对待自己的生活和学习，并且全力以赴。

当年毛主席就是因胸怀天下而努力读书，苦心研究政治军事，最终，创造了辉煌的人生。周恩来总理许下了"为中华之崛起而读书"的宏愿，其实就是在内心里，将自己定位为能够拯救中华的重要人物。在他们的内心中，他们深知自己的重要性，也坚信自己的重要性。

当一个孩子认为自己毫无价值时，就会照着这个自我认知，下意识地安排自己的生活：随波逐流，漫无目的，不知道要什么，也不知道自己该做什么、能做什么。他们被动地听从别人，被动地让别人来安排自己，从来不知道自己要尊重自己，更不会想要通过自己的努力完成一些任务，实现自己的价值。

这样的孩子是人格缺失的，他缺乏对自己的尊重，因为不尊重自己，更谈不上自己的独立成长。

生活中，如果发现孩子有这样的表现，家长就必须对孩子进行分析，确认是不是孩子在自我认知上面出了问题；如果有问题，必须马上给孩子补上这一课。

那么，怎么向孩子传达"我很重要"这个理念呢？

首先，要帮助孩子明确自己在家庭中的位置，并传递家族的信息，确立孩子的责任。比如孩子的姥姥、姥爷、爷爷、奶奶都曾经做过什么重要的事情，为这个家庭贡献了什么，这些都要告诉孩子，让他知道家族成员在家族中的重要性；还要给孩子传递一个信息：家族的这些人总有一天要老去，他们的衣钵和精神，都需要通过孩子来发扬光大，孩子是整个家族的希望，这其中包括：亲人老去，他需要去照顾家人；长大成人，他需要撑起家庭的重担，孝敬亲人，照顾家人。

其次，要让孩子在家庭中扮演重要的角色。比如家里的有些家务，扫地、拖地、洗碗、端茶等，这些事情都可以交给孩子来做。同时一定要告诉孩子："你真的很重要，你给大家带来了快乐！"另外还要引导孩子多参加社会活动，比如学校里组织的比赛、公益活动等，成绩好坏其实并不重要，重要的是通过参与，让孩子体验自己的价值，感受自己的重要性，证明自己的存在。

孩子愿意做的一些事情，只要是出于正当的理由，出发点是好的，家长就要采取支持的态度，让孩子勇于尝试，不强加干涉，从正面鼓励和肯定，让孩子觉得自己的尝试是值得的。

女儿从2岁开始就兴致勃勃地想要在家里跟着大人做一些家务，而且每次做完，都会让我把她做的每件事用笔记下来。这个做法其实很有趣，也是非常有意义的，这是孩子逐步积累自信的过程。

这些孩子看得见、摸得着的重要性的体现，都通过量化的方式展现出来，孩子也可以从中发现自己的确非常重要，从而建立"我很重要"的心理模式。

在我给女儿准备的小本子上，写着时间、具体事情和大人的评价以及做什么事的具体结果。比如，孩子做了三件事，扫地、擦桌子、收拾沙发，妈妈评价：真是个勤快的孩子。做事的结果：我的勤劳给我带来了100个聪明的"萤火虫"，我身边会有100个快乐的"萤火虫"。

积累的经历让女儿认识到自己很棒、很重要，但是我从来不会去逼迫她做什么事，不能为了在笔记本上记一笔而做事，那样就会让孩子有了心理负担。所以，通常我会让女儿自己翻看笔记本，虽然还不认识几个字，但她会对记录有一些印象。有一天她告诉我说："您好几天都没有做记录了，所以我要马上做一件事情，让身边多一些聪明快乐的'萤火虫'。"

当然，随着孩子慢慢长大，独立意识逐渐发展，每个孩子都会有一些不良的行为，包括看电视、玩游戏、玩电脑。这个时候，家长就要进行引导，告诉孩子长时间玩游戏将会带来什么样的后果。

比如，当女儿看动画片时间过长时，我就会在笔记本上写下：今天看电视的时间太长了，所以，很多聪明的"萤火虫"被"坏虫子"打败了，需要补充新的"萤火虫"。这时候，女儿就会赶紧做一些事情来增加聪明的"萤火虫"，比如画画、写字、做运动等。我就故意用测试的方法来考验她，问了一些问题之后，结果她全部过关，我就会在笔记本上记录：宝宝的聪明"虫子"又长出来了。这时候，女儿就会大声问："又长了多少个？"虽然她还没有数的概念，但是我仍然会告诉她："哇，快乐'萤火虫'又多了100个！"女儿就会特别开心。

这个方法很适合2～7岁的孩子，因为这些孩子还没有自我认知，不知道自己的重要性，但是我们能够帮助他们建立自信心。如果孩子到了八九岁，那么就可以采用写日记的方法来进行。我把这个日记叫作"快乐日记"。

写作的范围很宽泛，比如，记录自己做的快乐的事，其中包括日期、事件描述和结果。孩子可以写出给自己带来了多少快乐，这个快乐可以量化，从100个快乐"萤火虫"到1 000个快乐"萤火虫"……让孩子自由量化出这样一个精确的数字，就能够让他们从心理上更加认同这件事情。

这个方法其实就是心理暗示法。一个月后印证效果，你会发现，孩子有了上进心，并且知道了自己有什么优点，自信心开始萌芽，也能够客观地看待自己了。

让孩子喜欢上自己

兰兰是个文静的女孩，成绩很好，但是，她每天并不快乐。在学习的过程中，她非常努力，好像拼尽全力想要做到最好。这本来是个优点，但是，我却发现她似乎有什么问题。

有一次，我在学生群里问大家："你喜欢自己吗？"兰兰几乎是下意识地回答："我讨厌自己。"这让我充满了困惑。一个不喜欢自己的孩子，如何能懂得自爱呢？如何有能力去应对未来的风云变幻？于是，我让她写了一篇日记，谈谈自己对"喜欢"这个话题的想法。

以下是兰兰的想法：

我不喜欢自己。从小就不喜欢。妈妈说别人家的孩子都活泼可爱，可我总是一副苦瓜脸，好像谁欠了我钱一样。我知道，妈妈也不喜欢我，从小的时候我就知道，这是我听爸爸说的，爸爸有次说妈妈偏心，其实我也觉得，妈妈就是喜欢弟弟。

我讨厌自己是女孩，我讨厌自己是姐姐，我做姐姐，妈妈就会要求我做这个，做那个。可是不管我做什么，她都不满意。她永远都不满意我做的一切，明明是弟弟做错了事，她也会怪我。好像我做什么都是错的。

我拼命学习，就是为了让她知道，我要她喜欢我，可是她就是不喜欢我。我想，我肯定是有什么地方不讨人喜欢。

看完兰兰的心灵自白书，我沉默了很久。

这个11岁的孩子，承受了太多的心灵负担，却要负重前行，实在可叹。她的心非常累，也很苦，问题并不仅于此，最根本的是，她不能接纳自己，不能认识自己，而且这样一个心理模式，将会给她的一生带来困扰。

在生活中我们常常会看到这样的人，一生为了获得他人的认同，拼命努力，疲惫不堪。在他们的心里，一直藏着一个像兰兰这样的内在小孩，没有人能够听到她内心的哭泣和诉说。

那么，到底是什么造成了孩子这种过低的自我评价呢？这有什么危害呢？

其一，父母的过分挑剔造成了孩子对自我的不接纳。

有很多家长认为，想让孩子成才，就必须时时处处严格要求孩子。这个想法本无可厚非。问题在于，我们所谓的这个严格要求，应该有一个度，如何适度把握其中的度，才是问题的关键。

生活中经常会有这样的父母，每天抱怨孩子，没有坐相，没有站相，不知道收拾屋子，进屋没有换好拖鞋，等等，大小事情，事无巨细，能抱怨的都会抱怨，为了一些细枝末节的事情，对孩子指责一大堆，说教一大堆。

这种所谓的严格要求，忽略了孩子的本性。孩子不是大人，没法做到如此完美。在这个世界上，本来就没有完美的存在。那么多的条条框框，他只需要做好一两项就足矣，没有必要事事处处都做到完美。

遗憾的是，当家长开始百般挑剔的时候，孩子就会变得小心翼翼，过分敏感，自卑感油然而生。他只会不断地怀疑自己，在父母的挑剔和指责中，看轻看贱自己。这样的自己，他当然不喜欢，更不会接纳。

其二，缺乏安全感，使孩子过分依赖外界的认同。

一个孩子对自我的认知，完全是来自大人们的。如果家长不能接受孩子，不能认同孩子，那么，孩子就会失去安全感，产生对他人和世界的疏离感。因为没有从家长那里获得过尊重，孩子的内心就会产生对自己的鄙弃，根本不可能认同自己，他只会看到别人的好，看不到自己的好；他只会去努力讨好别人，而不会真正喜欢自己；他只会变得越来越孤独。兰兰虽然是尖子生，但她看起来很孤独，下课后很少出去玩，也很不快乐。在心理测试中，兰兰并不满意自己，她觉得自己不是个好孩子，不聪明，不可爱，不讨人喜欢。总之，她看不到自己的好。正因为这样，她不敢和人交往，她觉得没有人会喜欢和她玩。

正如兰兰的妈妈那样，她为什么对兰兰如此轻视？她说，小时候父母重男轻女，一直不愿接纳自己，没想到在对待兰兰的家教问题上，也是这样的一个心理模式。这一点其实不难理解。兰兰的妈妈终生没有走出不被接纳的心理阴影，做妈妈之后又将对自己的不接纳，转化给了女儿，而兰兰想要用好成绩来换取妈妈的认同，其实也正是想求得一份安全感。

事实上，像兰兰这种拼命苦读书的孩子，很多家长虽然持赞赏的态度，但是极少能关注他们的内心，所以在这些孩子的内心深处，其实充满了悲伤。孩子的心理正处于亚健康状态。

该如何调整孩子的心理，让孩子真正爱上自己呢？

要让孩子爱上自己，这个问题说起来简单，但是做起来非常困难，与其说是调整孩子的心理，不如说是家长审视自己，重新爱上自己，公正看待自己之后，跟孩子一起成长。

下面针对如何让家长审视自己、重视自己提出几点建议，供大家参考：

其一，悉心梳理自己走过的人生之路。

每一个家长除了为人父母之外，还担负着重要的社会角色。不管你是做公务员还是做老板，走过的人生之路，总是值得重新梳理。在梳理的过程中，审视自己，看看自己到底是欣赏自己多一点，还是嫌恶自己多一点。

如果做家长的拼命努力赚钱，急于向外界证明自己，那么，就应当深入挖掘自己，问问自己：到底奋斗的动机是什么？在人生历程中，是不是一直有一个声音像皮鞭一样抽打着你，要你快快奔跑，否则就是指责、侮辱和谩骂？是不是正是这些侮辱和谩骂让你决心一定要成功？如果你背负着这么沉重的压力向前，你的愤怒将会无处发泄，焦虑也会无处不在。

最重要的是，你的孩子也将会遭受你的指责和挑剔，不得平静，焦虑万分。你将会陷入一个恶性循环的怪圈。千万不要认为这种指责和挑剔是对孩子的鼓励，孩子的心灵还很幼小，他需要正向的鼓励，而不是这种近乎病态的鞭策。

通过梳理自己走过的路，家长能够清醒地认识到：喜欢自己，就能够相信自己。当我们能够喜欢自己时，我们就可以不凭借外力，无条件地接纳自己。接纳自己，意味着淡定从容，做人做事无畏无惧。

其二，发现并去改变自己的常用语。

在对孩子说话的时候，我们常常会不由自主地用上许多口头禅。"说者无心，听者有意。"仔细地观察自己，看看自己每天都用什么样的口头语来和孩子对话。

你如果仔细认真地记录就会发现有这样的口头禅：

你应该可以做得更好……

你能不能让我少操点儿心？

谁家的孩子像你一样？！

应该这样做，你知道吗？

为什么跟你说那么多遍你就记不住呢？！

你为什么总是犯错呢？！

我很讨厌你这样子！

我真是不喜欢你！

能不能不要烦我啦？

……

可能家长在抱怨的时候并没有在意孩子的心理感受。因为在每一个家长看来，自己工作忙碌得疲惫不堪，孩子还不让自己省心，怎么能不发火呢？

但是我想说，当你口无遮拦，随心所欲地向孩子抛撒负能量时，他收获到的也将是和你一样的负能量。正所谓"种瓜得瓜，种豆得豆"。在这些口头禅当中，映射出家长高高在上的强势、蛮横的心理模式。

像"你应该这样"，就是在给孩子画地为牢，圈出一个框框，不让孩子走出去，只许听从于家长的权威和威逼，这种逻辑完全不利于孩子的成长，更不利于孩子开放性心态的形成，从而限制了孩子未来的发展空间，给孩子的心灵带来伤害，让孩子嫌弃自己。

其实，家长的这些口头禅无非是一种情绪表达。但是对于家庭教育来说，情绪的表达具有非常大的杀伤力，对孩子的心灵成长具有非常大的破坏性。情绪表达既不是说明客观事实，又没有价值观的输出，对孩子更没有精神的滋养。这些口头禅是有害无益的。

所以，我们要进行口头禅的替换。替换是要有技巧的。我们的替换原则是："少贴标签，少用情绪，尽可能客观地表述事实，指出问题的后果，并提出解决办法，有时候还要照顾孩子的情绪，给予正面积极的心理暗示。"

比如，替换成这样：

你已经做得非常棒了。别灰心，再努力一次，很快就成功了……（事实说明+解决办法+鼓励）

我有点累了。你可以尝试着自己完成，我相信你可以的……（情绪表达+解决方法+鼓励暗示）

我相信你能比隔壁的孩子做得更好……（鼓励暗示）

如果这样做，会不会更好呢？你也可以用自己的方法，只要是有效的……（平等商榷+事实说明）

这里好像有点问题，我们来确认下问题，修改一下就好了……（事实说明+解决办法+鼓励）

以上只是抛砖引玉，家长可以根据生活中的实际，结合自己的语境，将口头禅进行替换。三十天之后，相信经过记录口头禅和替换口头禅两个方面的训练，一定能够改变家长的心理模式，同时也会给孩子带来潜移默化的影响，从而让孩子喜欢上家庭氛围，因为父母的感染而喜欢上自己。

带领孩子寻找快乐

快乐到底是什么？这个问题每个人都有自己的看法，不一而足。但在这些看法背后，却折射出来每个人不同的心理模式。

我经常和学生们讨论这个话题，每个孩子的答案都截然不同。有的孩子说"快乐就是天天看电视"；有的孩子说"快乐是天天玩游戏"；有的孩子说"快乐是想做什么就做什么"；有的孩子说"快乐来自自己的优秀成绩"；有的孩子说"快乐就是有好吃的"……

从孩子们的回答中，我们可以了解孩子的心理：

想要看电视的孩子，说明他没有机会看电视，经常被大人管束或者限制，没有看电视的自由，所以他只想沉溺电视，不愿意活在现实世界中。

想要玩游戏的孩子，说明他渴望生活充满刺激，喜欢被关注，喜欢独当一面的感觉，而现实中他缺少这些机会，所以才会沉溺游戏，通过玩游戏来满足内心的需求。

喜欢想做什么就做什么的孩子，很明显是因为缺乏自由，在家里被管束得太严厉，没有自己的时间可以支配。

觉得快乐来自优秀成绩的孩子，说明他在成绩方面得到过无数次的荣誉，他希望能够获得更多的荣誉，重温荣誉带给他内心的富足和快乐。

希望有零食吃的孩子，说明他平时得到的关爱太少，或者是想借助零食来获得一点内心的温暖。

作为父母，如果能从合理分析的角度，来看待孩子内心的想法，琢磨孩子的心理发展轨迹，就会发现，孩子并不是错误百出，一无所知，而是在不断成长，充满着生机和希望。

我将这个成长的历程，称作"寻找快乐的旅行"。人生在世，无非三件事：学习、工作、生活。不管是做什么事，最重要的是要乐在其中，得到快乐的体验，发挥自我的潜能。

快乐不仅是我们成长的动力，也是成功者必备的一种能力。不管是学习，还是工作和生活，本身并没有快乐可言。只有当人具有了快乐的能力，才能够赋予事物快乐的价值，从而感受到快乐，并继续坚持不懈。

当一个人拥有了快乐的心态，具有了快乐的能力的时候，他就能够克服一切困难，设定自己的目标，向着目标勇往直前。因此，家长要带领孩子，在成长的路上，不断地去寻找快乐、发现快乐、探寻快乐的真谛。

显然，家长一味的说教是无效的。只有耐心倾听，分析孩子对快乐的理解，才能够帮助孩子认识真正的快乐。

在和孩子们交流的过程中，我发现孩子对快乐的理解，是遵循年龄的发展轨迹变化而来的。有的快乐稍纵即逝，有的快乐恒远持久，有的快乐发自内心，有的快乐只是感官刺激，有的快乐却可以转化成求知的动力，成为一生的追求。

女儿快到2岁的时候，我曾经问过她什么是快乐，女儿说："快乐就是和妈妈在一起。"

那时候，我经常出差，没时间陪孩子，她大多数时间都是和爷爷奶奶在一起，所以，跟我在一起就成了她最渴望的事情。

到了女儿2岁的时候，我大多数时间和她在一起，她对快乐的理解就发生了改变。女儿说："快乐就是和妈妈一起做事。"我们一起收拾沙发，整理房间，将书房里散乱的书本一本本放到书架上，把小枕头和小被子叠整齐放到储物柜里，这些都让她体会到快乐。

随着孩子慢慢长大，独立意识渐渐增强，她已经不满足于和自己熟悉的亲人交流，将目光投向了外在的世界。那时候，孩子最快乐的事情，就是和小朋友一起玩。如果小朋友不愿意跟她玩，她就会变得闷闷不乐。再稍微大一点，孩子有了自己的小心思，她开始学着察言观色，观察大人的神色和表情，并受到大人的情绪影响，也变得阴晴不定。

有一段时间我忙于工作，情绪不是太好，性子比较急躁。女儿说："快乐就是和妈妈一起开开心心的。"听了她的话，我才意识到原来自己的焦躁情绪影响到了女儿，于是我进行了及时的调整，接下来，孩子的情绪也变得稳定了。

当孩子进入学龄期的时候，读书学习就被摆上了议事日程。

对孩子来说，快乐就是有好朋友一起玩，还可以天天去上学，在学校里面得到表扬。除了这些之外，孩子还需要在生活上得到快乐，他需要玩电脑、看电视。通过娱乐，将学校里受到的约束和不自由通通释放。正因为这样一紧一松的节奏，才能够让孩子喜欢上学，将课堂当作快乐的超市，从中自由选购，找到自己所需要的快乐。

在孩子的教育中，我们要贯彻一个基本的原则，那就是遵循自然的快乐之道，让孩子自己去体会快乐的温度。

孩子就好像是一个温度计，周围的环境、大人的熏陶感染，都可以使这支温度计敏感地升高或者降低，我们不用强加外力，而是让孩子自己去体会，他们有权利进行自我调节。

作为家长，一方面要给孩子设置恒温的外在环境，另一方面还要关注孩子的内在反应，进行适当调整。比如，过分的约束，会导致孩子的情绪无处释放，最终选择叛逆和敌对；过分的放松，听任不管，孩子就会变得任性霸道，无法无天；过分的要求成绩，孩子就会变为成绩的奴隶，对学习产生厌恶之感；过分要求孩子多才多艺，就会让孩子不堪重负。

在学校里，对那些学习成绩很不错、心理素质也比较好的孩子来说，快乐就意味着完成学习任务，挑战一道道难题，克服想要娱乐、想要游戏的诱惑；而对那些成绩相对比较差，行为反差也比较大的孩子，快乐是模糊不定的。到底什么是快乐？他们也说不清。你问他逃学快乐吗？他说："不快乐，因为后果很严重。"你问他不写作业快乐吗？他说："不快乐，因为后果很严重。"你问他天天玩游戏快乐吗？他说："那种快乐很短暂、不真实，后果很严重。"

其实对于这些孩子来说，他们的快乐早就没有了。在很小的时候，父母并没有给他们传达过快乐的真正意义，他们也无从理解快乐到底是什么。当一个孩子不能够克制自己，一味听凭自己被欲望牵引，想做什么就做什么时，最终的结果只可能是随波逐流，毫无目标，就连"偷来"的那一点点快乐，也会很快消失殆尽。

那些整天混日子的人，你问他快乐吗，他一定也是不快乐的。为什么？因为他们的内心需求并没有得到满足。那种心理上的满足，从童年时期就没有得到过。那么，对孩子来说，怎么样才能让他获得真正的快乐呢？

心理学家马斯洛为我们描绘出了人类的心理需求层次，第一个层次是对生理的需求，例如饥饿、口渴等。孩子在婴儿时期，如果这个需求不能得到满足，他的性情就会变得暴躁、悲观，缺乏追求的力量，成为一个不快乐的人。

第一个层次满足之后，孩子的心理会向上发展，希望能够得到安全感，不被人抛弃。即满足了第二层心理需求。

继这一需求获得满足之后，进入第三个层次——社会需求。这时候孩子希望得到认同，在意别人对自己的评价，关注自己能否被父母、老师和同学喜欢，在意能否得到他人的赞同和群体的接受。

如果这个心理需求获得满足，孩子就会充满动力，有积极向上的热情和动能，并向第四个层次发展：需要得到赞美，需要得到认同和肯定，希望自己能够做出成绩来，让别人尊重自己，支持和肯定自己。这个时候的孩子，最大的快乐来自外界对自己的认同。

一旦实现了第四个层次，孩子将会有高峰体验，即第五个层次——自我实现的满足。在自我实现的这个层次里，孩子将会体验到恒久的快乐，并且愿意为了这种快乐舍弃娱乐和游戏，舍弃昙花一现的感官的快乐和刺激，积极投身其中，为之奋斗下去。

神农遍尝百草，才被称为神农氏。在成长的路上，孩子的体验越丰富，对快乐的感受也就越精确，也就能够更加准确地认识到快乐的真正含义。因此，家长要带领孩子体验不同的快乐，帮助孩子在不同阶段的快乐中，认识到快乐的本质，让孩子通过自己的感受去理解，并进行自由选择，最终也会形成自己的快乐观，并内化成为一种理想，不知不觉变成成长的动力。

一个孩子的成长，其实就是一段追寻快乐的旅程。快乐的来源，不单单是父母长期的陪伴，更多的应该是父母循循善诱的引领和教诲。这才是家长的智慧所在。

教孩子对任性说"停"

我们常常认为，小孩子无忧无虑，根本就没有烦恼。其实，这个想法完全错了。因为我们站在大人的角度，考虑到的是，孩子不愁吃不愁穿，也有人疼有人爱，有什么理由不快乐呢？然而事实上，就像月有阴晴圆缺，天有不测风云，孩子的不快乐跟快乐同样多，而且最关键的是，孩子的不快乐常常被我们忽视。

比如，想要的玩具不能得到，孩子会失落；想看的电影没有看到，孩子会难过；想要的衣服不能买到，孩子会哭泣；不想听的雷声，总是轰隆隆乱响；不想写的作业，总是没有停止的时候；不想要的感冒，总是来折磨自己……

我们之所以会忽视这些不快乐，之所以不愿意体谅，是因为觉得孩子太任性。在这个世界上，不是你想要得到就可以得到，也不是你不想要就可以不要。问题是，孩子不懂这个道理。他会为得不到难过，无休止地难过，而绝不会去想着承受和改变。

这个时候我们该怎么做？是无视他的悲伤吗？还是冷硬地告诉他："你简直太任性了，我不喜欢你！"或者直接告诉他："你再这样，我就不要你了？"又或者留下他一个人独自哭泣，再也不理不睬？

显然，这些方法在生活中我们很多人都尝试过。可能有的人会认为非常奏效，因为每一次使出这个杀手锏，孩子都会因此而停止任性。

事实上，这是一种一厢情愿的粗暴干涉。孩子的任性不会因为你的强加干涉而突然转变。因为在他的内心深处，这个情绪并没有得到有效的疏散，相反，在你的外力强压下被抑制了，然后不得不因为畏惧而暂时屈服。这种干涉，只会让孩子的任性加剧，并且时不时爆发。

正如物理学中的能量守恒，一种悲伤的能量，如果不能获得释放，你越是压制就越会反弹，除非将其转化成一种正向的能量，否则只会被带入潜意识，成为永久的伤痕，反反复复地发作，再也没有可能自愈。

那么，到底该如何对孩子的任性做一个正确的引导呢？是不停地哄他，无条件、无止境地满足他？随时随地给予爱和关注吗？

不，这样不行。

生活中总有那么一个时刻，特别需要人来安抚。不管是大人还是小孩，谁都需要这个。但是如果没有那么好的运气，不能得到他人的安抚，该怎么办呢？

所以，我们只能让孩子认清一个现实，那就是只有你自己才能对自己的任性说"不"。我们帮不了孩子一辈子。我们只能在他还没有理性认知之时，尽量比他看得更远一些，教给他对自己的任性说"不"的方法。

其实，问题也非常简单。只要走好这两步就可以了。

第一步，我们俯下身来，抚摸孩子的头，或者轻轻地拥抱他。用身体的接触给予孩子鼓励和温暖。

这种正面的安抚，能够让孩子的情绪逐渐平复。当孩子停止哭泣，抬起泪眼时，他看到的还是那个爱自己的父母。在孩子的心灵里，他看到父母没有抛弃自己，也没有因为自己的悲伤而感到愤怒。于是，孩子会因为父母对自己悲伤的接受，也学会接受自己的悲伤，并认为这很正常，没有什么好丢脸的。

没有了羞耻感，孩子会觉得没有什么好怕的，于是会向前走。

接下来，我们就可以带领孩子走到第二个步骤。

耸耸肩膀，微笑地看着孩子。问问他："除了这些不能得到的，你还拥有什么玩具？将以前的玩具拿来，换个花样来玩会不会更开心一些？"

我们会发现，孩子的注意力很快被引开了。他的世界被打开了。因为他学会了用新的视角看待自己曾经拥有的东西。将那些曾经拥有的东西重新组合，重新发现它们的好玩之处，悲伤就会渐渐停止。

孩子的心灵就像风筝，我们是牵线的那个人。如果我们停止悲伤、愤怒，放开手中的线，孩子也会看得更高更远。

在这里分享一下我和女儿有关任性这个议题的故事。

女儿1岁多的时候，我就想培养她对自己情绪的管理能力。最开始，是从讲述她自己的故事开始的。因为我们知道，小孩子最喜欢听故事。在故事里边，她听到的每一个人，其实都是她自己。

我会作为一个讲述者，将她融入故事，让她作为一个故事的主角，对她进行潜移默化地暗示和培养。2岁以前，她只能坐在大人的怀里听各种故事。那些故事只是从书本上听来的，跟她自己似乎毫无关系。到了差不多2岁，我发现，女儿开始有了情绪的变化，她生气的次数多了起来，有时候任性地坐在地上不起来。

每当女儿想要耍赖的时候，我就会灵机一动，说："从前有个女孩叫一朵，有一天她蹲在地上半天都不起来。这个时候，屁股下面的虫子觉得好臭，大声说：'哎呀，是谁？是谁的屁股？快点移开，快点移开！我的脑袋都要臭掉了！'"女儿听到我的故事，咯吱咯吱地笑了起来，忘了流泪，立刻有了精神，马上从地上爬起来，很好奇地叫道："后来呢？接着讲！接着讲啊！"

这样的情形很多，女儿渐渐学会了认识我故事里的一朵。有一天她问我："妈妈，您说的一朵，为什么和我的名字一样啊？"我回答说："那就是你啊，不过那是妈妈心里的一朵，你如果长大了，也会变成另外的样子，比这个更可爱。"

等孩子慢慢长大一点，一朵的故事里基本都是正面的东西，比如，一朵学会了快乐地笑，一朵喜欢大声地唱歌，一朵背诵诗歌的声音真好听，一朵帮妈妈做事好开心……这些故事都是生活中的事情，随时随地都可以拿来当成故事讲，甚至当场发生的事情马上就可以讲给她听。生活就是最好的素材，这个故事的主角，就是她自己。

女儿在一朵的故事里学会的东西是我无法估量的。有一点我可以看得到，那就是她学会了思考。有一次她一个人在床上自言自语地说："有一天，一朵坐在床上，呆呆地想，为什么自己不快乐呢？"

我惊讶地望着女儿，不知道她从哪里想来的这些词语，居然使用得恰到好处。

可是还没有等我说话，她就又接着对自己讲道："她正在想着，忽然听见有人来了，她赶紧爬起来想要找一双翅膀，她要飞到天上去玩一玩。坐在白云上面，哈哈，多么幸福快乐。"女儿讲完之后，爬起来，穿好衣服，自己兴冲冲地跑到屋子里玩。

其实一开始给她讲一朵的故事，也仅仅是要她学会自己观察自己，自己理解自己，当我将一朵的行为作为一个故事来讲给她听的时候，本身就是让她拉开一种距离去观察自己。这样一来，故事里的一朵是高兴的，她就是高兴的；故事里的一朵是难过的，她就可以知道为什么难过。

在女儿更大点儿的时候，我问了她一个很抽象的话题："当一朵不开心的时候，她要怎么做呢？"

女儿眨了眨眼睛说："在一朵的脑子里安装一个机器，快乐的时候打开绿色的按钮，不快乐的时候就关闭红色按钮。"我问："那么，你现在打开什么按钮呢？"女儿说："我现在不快乐，我要关闭红色按钮。"说完，咯吱咯吱地笑了，想了想又说："我现在关闭了红色按钮，我又快乐了。"

我很惊讶一个孩子对情绪的调节能力会如此之快。有句俗话："六月的天，小孩的脸。"它是说一个孩子能够很快在情绪中转换，有时候想想，我们大人实在是自愧不如。他们有天生的心灵弹性，可以从悲伤和快乐中自由转换。作为家长，为何不让孩子顺其自然呢？

我们应当相信，孩子对任性和悲伤的处理能力远远超过了大人。当我们能够变得冷静、温暖，并且愿意去倾听时，孩子的成长空间就被打开了。这是个无限广阔的爱的空间，孩子完全有能力转换情绪，对自己的任性喊"停"。

第五章

发展孩子的学习优势，让孩子从内心爱上学习

在很多家长看来，天赋极为稀缺，就像中彩票一样，并非个个都天赋异禀。但积极心理学指出，人人生而天才。

事实上，孩子常常有意无意地逃避学习，心生畏惧，原因就在于不能很好地发挥自身优势，缺乏存在感和价值感。此时，家长一味说教是无效的，唯有一点一滴发展孩子的专注力、思维力、自控力，才能帮助孩子在学习中完善自我，发展天赋优势。

孩子为什么缺乏专注力？

在生活中，很多家长都会困惑，为什么有的孩子注意力集中，有的孩子注意力总是不集中呢？

我们常常羡慕这样的孩子：上课打盹儿，几乎很少好好听讲，可是只要一提问却对答如流，考试成绩也不错。

真的有不用听讲就什么都会的孩子吗？答案是否定的。

事实上，孩子不是没有好好听讲，而是他听讲的方式和别人不同。

教育心理学指出，注意力在形式上有两种，即有意注意和无意注意，或者叫显性注意和隐性注意。顾名思义，有意注意就是刻意控制自己，非常认真地侧耳倾听；无意注意，就是不用外力刻意控制自己，随性地聆听一些信息，像那个上课打盹儿的孩子，就属于无意注意。

在生活中，我们通常认为注意力集中就是要专心致志，心无旁骛。可是对某些天性爱动的孩子来说，大多都喜欢使用无意注意，在不经意间接收信息。

那么，注意力的心理机制是什么呢？通常情况下，它包括看、听、说、想、记这几个环节，需要用到我们的眼睛、耳朵、鼻子等5种器官。通过视觉、听觉、嗅觉、触觉等感官接收外在信息，最终加工处理并整合内化为我们的自我认知。在这些环节中，除了外感官参与其中之外，还有潜在的内感官一直在运行。

那么，内感官到底是什么呢？

内感官来自心灵内部，是潜伏在大脑深层的多种感官的触角，是潜意识的合力作用，能配合潜意识发出指令，促使我们完成一些动作和任务。它的灵敏度极高，可以完成许多外在感官所无法完成的工作。比如发明家爱迪生，他在梦中发现钨丝可以作为灯泡照明的材质，这就是潜意识和内感官一同运作的结果。

其实内感官一直在人的心理活动中发挥作用，但常常被我们忽视。由于外在环境的影响，很多人的内感官近乎微弱，甚至失去了这种特殊的能力。

我们常常会批评孩子，大骂孩子注意力不集中，却忽略了一个重要的问题，那就是发现并去聚焦孩子的问题，寻找解决的办法，培养孩子的专注力。

那么，何谓专注力？专注力又称注意力，指的是人专心于某一事物或活动时的心理状态。专注力包括外感官和内感官的双重参与。当两种能力协同发展时，孩子就会展现出良好的专注力，不管是吸收知识还是内化认知，都能获得飞速的提升。

我曾经做过这样一个小试验，在一张白纸上画了一幅卡通画，画面上是一个超萌、超可爱的孩子。但在画的旁边，又写了几行很小的字，内容是大家要做的作业——抄录一篇文章。我什么也没说，只是让大家将这张白纸一个一个传下去。结果有一部分学生看了这张纸之后坐着不动，不知道要做什么，静静地望着我，等着我布置作业。只有一小部分学生根据小字上的内容，认真抄录了一篇文章。

我追问孩子："你为什么不写？"

孩子一脸无辜："写什么啊？老师您没说啊！"

我又故意大声说："好吧。那我们不写这个作业了。"停顿了片刻，我又将声音放得很低很低，说："现在，大家的任务是画一幅自画像。"

此时我观察学生的表现，发现仍然有五分之一的孩子一脸茫然，不知道要干什么。

我追问："你为什么一直坐着？"

孩子很无辜，且理直气壮地辩解："老师，您都说不用写作业啦，现在要让我们干什么啊？"

反复做过几次这样的试验之后，我发现，孩子的视觉和听觉都是有选择的。有的能不被白纸上的画面所迷惑，仍然看到了后面布置的作业，而有的则只看到了萌娃，却看不到自己需要完成的任务。通常情况下，能看到后面作业的孩子，大多在家庭教育中得到了足够的尊重和支持；而只看到萌娃的孩子，则平时经常受到老师和家长的打击，成绩也较差。

有的孩子能听到任务，有的则一个耳朵进，另一个耳朵出，就是俗话说的"当作耳旁风"。

但事实上，孩子并不是将这些话当耳旁风，而是在选择性聆听，不想听的，就会主动在无意识中屏蔽，比如，我说"不要写作业了"这句话，每个孩子都听到了，但我说要"画一幅自画像"却听不到，到底为什么？很显然，这是孩子的一种抵抗和无声的反对。

很多时候，孩子是在用一种可怕的心理暗示，让自己故意选择性失聪或者失明。

这就是事实真相！最让人吃惊的是，很多孩子并不知道自己的潜意识在玩这个把戏。他也深感无辜。事实上，很多家长和老师因为孩子注意力不集中的问题，不止一次发飙，甚至动手打骂，但结果无济于事。

问题到底出在哪里？

因为我们给孩子传递的，常常是孩子不想听的！或者说，那是孩子不需要的！孩子需要的是A，结果我们传递给孩子的却是B。那么，A到底是什么？

仔细想一想，当我们想要做一件事情，比如遇到难题的时候，我们会有哪几种选择？逃避、放弃、勇往直前。显然，在这三种选择里，第一直觉选择逃避的人居多。这时候，我们最需要什么？毫无疑问，是鼓励、安慰和支持。当我们的内心需求获得满足之后，才有可能有动力选择勇往直前。

再仔细地深入想一下，当孩子遇到注意力不集中的问题时，遭受老师的指责和打击的时候，孩子需要什么？指责、打击、侮辱、打骂？显然，这些都于事无补，只会火上浇油。

我们往往传递给孩子的恰恰就是这些B。

我们一定要澄清一个事实：孩子的注意力是需要长期培养的，并非一蹴而就；更不能简单粗暴地试图打强心针，这样只会加重孩子的情绪反弹。

孩子缺乏注意力，一定是他的听觉出了问题。听觉为什么会出问题？因为他接收到的都是负面的信息，都是他不愿意接收的东西。所以他的潜意识会自动屏蔽和关闭自己的外感官和内感官。时间久了，他习惯性关闭自己的感觉器官，他也就对学习变得麻木，注意力自然也就不集中了。

所以，当务之急，是要给孩子重建一个专注力通道。在这个通道里面，装满自我鼓励、自我暗示和自我激励。时间久了，我们就可以彻底改变孩子的潜意识，有效激活孩子的内外感官，使之精神集中，建立自信，从而发展学习优势。

为此，我们根据相关理论研发了一套课程，叫作ESP精微感知，课程的目的是帮助学生建立自己的意念体系和记忆体系。

我曾经和孩子们做过这样一个实验：准备一些新鲜的青豌豆，大家蒙上眼睛，集中意念，一起给这些青豌豆注入正向的能量，比如，相信它可以发芽，坚信2个小时后就会发芽，美好的芽正在发出来，类似这样的意念。

在这个过程中，每个孩子都不能跑神，必须集中注意力在这一个信念上面。结果奇迹发生了。两小时后，青豌豆真的发芽了。事实上，豌豆发芽是很正常的事情。但是在较短时间内发芽，对孩子来说，却正好是一个有效训练专注力的好素材。

其实这个实验本身并没有意义。但我们的目的，是想让孩子在进行训练的过程中发现专注的价值和作用所在。结果，我们也的确发现，孩子通过参与实验，专注力得到了极大的提升。

那么，孩子的心理模式到底是什么样的呢？他们是如何做到专注的？

因为孩子相信青豌豆会发芽，他头脑里没有大人们灌输的常识，也没有条条框框，认为青豌豆应该会在何时发芽，也就没有任何阻抗心理。他在强力暗示之后，认为青豌豆绝对能够发芽。就在这样一个信念的影响之下，他专注地将自己的意念投注在青豌豆上，从而获得了极大的专注力。

由此我们发现，孩子注意力的问题和孩子的心理定式息息相关。家长只要对症下药，进行系统的训练，一定能够培养孩子良好的专注力。

接下来，我们探讨一下如何进行系统的训练。

聆听古典音乐，让孩子静心

我们知道，运动员的职责和使命就是通过大量的训练，将自己的身体机能保持在最佳状态，以便建立应激机制，由此实现目标，突破极限。

事实上，每一个运动员的专注力都是超强的。他们会聚焦于某一个特定的环节，坚持不懈地集中在一个问题上，进行艰苦的练习，并为此乐此不疲，坚信不疑。

游泳健将每天必须静心完成训练计划，日积月累之后，才能适应比赛时的强度和精准度，获得成功。同样道理，举重运动员并非天生具有神力，而是通过有计划、分步骤地静心训练，最终拥有完美的力量。

专注力的形成，其实是一个静心的过程。通过一点一滴的静心坚持，养成从容不迫的气度。

《大学》里面讲"知止而后能定，定而后能静，静而后能安，安而后能虑，虑而后能得"。这是中华文化千百年来的古老智慧。只有一颗心安定下来，才能够静静地专注思考，全身心投入，从而有所收获。

一个不能够静心的家庭环境，孩子的情绪也会十分焦虑，在焦虑情绪的影响下，也就不能专注于某一件事情。在生活中我们经常会遇到这样的孩子，做事情三心二意，浅尝辄止，这里学一点，那里会一点，找不到自己的中心点，不能专注钻研一个问题。

还有很多孩子常常沉迷于游戏、网络、电视当中，无法自拔。究其原因，主要是孩子无法沉下心来，心神不定，只有借助网络游戏排遣这种焦虑情绪。

造成孩子心神不定的原因，我们前面已经分析过了，大部分是因为家长的暴躁情绪，还有对孩子的过分苛责，不接纳、不理解。当然，很多家长会困惑——我给孩子提供优厚的生活基础，该鼓励的时候鼓励，该用心的时候用心，难道还不算爱他吗？

其实，并不是我们不爱孩子，而是我们在无意识中给孩子制造了一个焦虑的环境。这个环境是我们本身的焦虑堆积起来的。家庭成员之间的情绪传染，慢慢累积起来，大家都会感到莫名的烦躁。在这个环境当中，别说是孩子，就是大人也无法静下心来。

环境是塑造孩子性格的基本因素。古时候有孟母三迁之说，目的就是给孩子提供一个良好的学习环境。对于今天的我们来说，为孩子创造一个良好的环境也是必要的。当然，这个环境并非一定要在什么地方，而是需要一个安静、轻松、丰富的内在环境。

古典音乐对人性格陶冶、灵魂荡涤的作用是有目共睹的。我们可以多听一些古典音乐，像莫扎特、海顿、巴赫、德沃夏克、维瓦尔第等作曲家的作品，都是非常好的心灵滋养佳品。

如果能够和孩子一起长期聆听，就可以营造出淡定、从容、安静的内在环境，塑造孩子沉稳、睿智、冷静的性格。就像吃饭一样，我们可以将它分为早、中、晚音乐三餐。当家里洋溢着优美的音乐，不管是大人还是孩子，都将会感受到由衷的安宁。

另外，古典音乐中的音乐节律和我们的呼吸节律极为合拍，能够在无形中引导孩子放松身心，集中注意力。因此，可以让孩子在背书的时候，播放轻缓的音乐，增强他的记忆能力；可以在做习题的时候，播放一些节奏感稍强的音乐，增强他的思维能力，提高效率。播放的时候，只需要将这些音乐作为背景就可以了。

让孩子先苦后甜——培养意志力

奇奇妈妈一脸苦恼，抱怨孩子经常逃避难题，在生活中遇到复杂的问题，就马上放弃不做。说着说着，禁不住为孩子的未来忧心忡忡。

事实上，接受儿童心理咨询多年来，像奇奇妈妈这样抱怨的家长很多，孩子碰到难题就绕道走，等着老师和家长手把手将答案说出来；遇到稍微复杂一些的事情，就会马上放弃不做。还有家长抱怨，孩子做事总是三分钟热度，热情劲儿一过，说放弃就放弃，虎头蛇尾，浅尝辄止。

这些问题在生活中并非个案，而是普遍现象，代表了部分孩子意志力的薄弱。

意志力是心理学中的一个概念，是指一个人自觉地确定目标，并根据目标来支配和调节自己的行动，克服各种困难，从而实现目标的心理品质。

我们都知道要做成一件事，三心二意是不可能达成的，只有坚持不懈，努力克服一切困难，才能实现目标。正如歌里唱的那样：不经历风雨，怎能见彩虹，没有人能够随随便便成功。

这种坚持不懈、迎难而上的精神，实际上就是意志力的核心。心理学家罗伊斯说："从某种意义上说，意志力通常是指我们全部的精神力量，而正是这种精神力量在引导着我们行为的方方面面。"当人们善于运用这一有益的力量时，就会产生决心。而人有决心就说明意志力在起作用。人的心理功能和身体器官对决心的服从，正说明了意志力的巨大力量。

听了奇奇妈妈的抱怨，我没有直接说该怎么办，而是问她孩子平时是怎么做题的。奇奇妈妈说："当然是先易后难啊！"我继续问："那孩子吃蛋糕的时候怎么吃的？"她说："当然是先吃上面最爱吃的奶油了。"

我笑了，继续问："那你的习惯是什么样的？"

她不假思索地回答："我也是这样啊！"

"那么，遇到困难，你是不是也会有畏难情绪呢？"

奇奇妈妈点点头。

"想一想，从小到大，你有没有做过一件看起来不可能的事情，坚持到成功？"

奇奇妈妈想了一会儿，最终还是摇头。

奇奇为什么做事有头无尾，浅尝辄止？答案其实很清楚——家长的心理模式决定了他的教育方式。奇奇妈妈本身就缺乏知难而上的意志力，怎么能奢求孩子做到呢？

在生活中，永远有这样两种人：一种是面对困难，创造条件克服困难，一定要把问题解决，这种人走的路往往不是那么平坦；另一种，就是逃避困难，选择平庸，走的路是一条安逸舒适的路。

如果我们细心观察就会发现，选择安逸舒适的人，经常先吃掉好吃的东西，难吃的留到最后，或者是选择不吃了；与之相反的是，那些成功的人，往往是先吃掉最难吃的，然后再来享用好吃的。看似一个小小的习惯，却体现了一个人的人生态度。前者趋利避害，后者迎难而上。

不可否认，趋利避害是人性的本能，也是人性的弱点之一。

孩子放学回家不是马上写作业，而是先看电视，或者跑出去玩儿；大学生总是先消费后还款，直到还不上信用卡……然而，在这种人性的本能控制之下，有的人选择超越，有的人选择屈服，人生也就有了不同。

有一个著名的TED演讲《先别着急吃棉花糖》，其中讲述了心理机构在世界各地做的一个实验：给一些4岁大的孩子发了他们爱吃的棉花糖，告诉他们，谁如果能够坚持15分钟不吃掉这个棉花糖，那么就会奖励他们双倍的糖果。

宣布这个规定之后，实验者就离开了，透过监测仪器，可以看到孩子们反应各异，做法各不相同。有的孩子根本不顾及奖品的诱惑，急于想要得到心理满足，马上就拆开糖果吃掉了；有的孩子一开始并没有吃，坐着坚持了一小会儿，但因为在别的孩子吃的过程中受到感染，经受不住糖果的诱惑，最终被自己的欲望征服了；剩下极少数的几个孩子，一直抵挡着诱惑，坚持到了最后，获得了双倍的糖果。

有趣的是，心理学家们后来进行跟踪调查发现，那些急于想要得到心理满足的孩子，30年后大多没有什么成就，浑浑噩噩混日子，对人生悔恨不已；那些坚持到最后的孩子大多有了自己的事业，做出了很大的成就，实现了自己的人生价值。

在这个实验中，意志力坚强的孩子都能够推迟满足感，面对诱惑，坚持5分钟，再坚持5分钟，直到成为习惯；面对困难，坚持5分钟，再坚持5分钟，直到成为习惯；面对生活，先从最困难的地方做起，坚持5分钟，再坚持5分钟，直到成为习惯。当推迟满足感成为一种习惯，孩子的意志力就获得了很大的发展。这个时候，在孩子的眼中，就没有什么事情是无法做到的。

在美国的家庭教育中，很少有家长代替孩子做事。为什么？难道是因为他们不疼爱孩子吗？当然不是。因为他们想要让孩子独立完成自己能做的事情，即便是做不到的，也会让他们去尝试，想办法克服困难，通过自己动手实践，感受到自己的存在，认识到自己的能力和特长，从而建立自信。

中国有句老话，叫作先苦后甜。一曲讴歌母爱的歌曲《天之大》唱出了母爱的精髓：幸福生于会痛的心田。孩子通过挑战困难，不但能磨砺性情，发掘潜能，他的能力也会得到无限的延伸，使自己获得成长，实现自我价值。

人的一生，并非一帆风顺，而是遵循着先苦后甜的规律。正如孟子所言："故天将降大任于斯人也，必先苦其心志，劳其筋骨，饿其体肤，空乏其身，行拂乱其所为。"

作为家长，要将眼光放长远一些，从培养孩子的意志力这一角度出发，在生活和学习中放手让孩子自己吃苦，自己去解决困难，自己经受磨难，完整地经历人生的酸甜苦辣。

在女儿1岁多的时候，我就开始注重对她进行这方面的培养。她每次想要买东西的时候，我就会答应给她一元钱，但是附加了一个条件：如果你能坚持到明天还不花这个钱，那么你将会得到两元钱。女儿非常喜欢做这个游戏，每次她都会坚持不花，到第二天得到双倍的钱。

后来，我把游戏扩展到生活的其他地方。

当她需要画一幅画的时候，我会把好吃的东西放在旁边，激励她抵制诱惑，如果能够完成任务再吃的话，她的快乐就会多一倍——战胜了想要很快得到满足的欲望，这个时候，她会觉得非常了不起。

就这样，女儿从自己一点一滴的实践中，得到了很多快乐。她通过这样的游戏，学会了忍耐，学会了坚持，学会了安排自己的时间：诸如先看一些绘本再去玩，先画一幅画，完成之后再去看电视或者玩电脑游戏；她也因此学会了对自己要做的事情进行优先排序，知道哪些是必须做的、应该做的，哪些是可做可不做的，哪些是必须放弃的。她也能够懂得节制和放弃，在心理上对自己有一个准确的认知，明确自己的职责所在，这为她以后坚定地走自己的路奠定了基础。

无条件服从VS自制力

小军因为在学校里惹事，刚刚受到处分，被妈妈带到我这里的时候，脸上还有伤痕。他个子不高，有点瘦弱，双手交叉抱在胸前，眼睛很不屑地瞪着我，看起来毫不示弱，好像在说："看你能把我怎样？"

我微笑地看着他，没有说话。

小军并不看我。他的眼神盯着墙壁的某个点，忽视我的存在。

我说了一句："先等一下，我出去倒杯水。"说完我走了出去。

整个屋子里只剩下他一个人。就在他的旁边放着我的电脑，电脑上是打开的一个游戏界面，非常流行的《愤怒的小鸟》。

我不知道他会作何反应。我猜想，此时的小军一定更需要放松。但我不知道他需要的是哪一种放松方式。会不会是玩游戏？

果然，5分钟之后，我偷偷瞄了一眼，小军正坐在我的电脑前，聚精会神地打游戏。

我故意在外面大声咳嗽，他也并不紧张。我走进来的时候，他离开了电脑，重新站到了原来的位置。

我依然微笑，然后问他："我也经常玩《愤怒的小鸟》。为闯过最高那一关，我花费了三个晚上的时间。"

小军有点惊讶，看了看我。

我没有在意他的眼神，继续说："我猜，你一定很快能够过最高那一关吧？"

小军犹豫了一下，似乎在考虑要不要跟我说话。

我微笑地看着他："说说看，是三十分钟？二十分钟？还是更牛？"

"二十分钟。"小军还是没能忍住，终于说话了。

我之所以这样问，是因为我知道，对每一个孩子来说，能够以最快的速度打通关，这是最牛的，谁能够做到这样，谁就是大家心目中的英雄。

很显然，小军的自我优越感很强，他是那种喜欢被人尊为英雄的人，自尊心极强。

我露出惊讶夸赞的眼神，他很快就感觉到了，然后向我滔滔不绝地讲述，可以用什么方法最快通关。

讲完了好玩的游戏之后，我终于切入了正题。

"你这么厉害，还会被人打伤吗？"

小军有些沉默。显然是想忍住不说，但还是没有憋住。

"都是我爸打的。他要是哪天不打我，太阳就会从西边出来。"

"他为什么要打你？"

"不听话呗。惹他们不爽呗。打就打，我什么都不怕。从小到大，他就像管狗一样，不听话就打。"

说着，小军的脸上流露出愤怒的表情。

我问："你惹了什么麻烦？怎么惹他们不爽了？"

小军说："不让玩电脑，不让看电视，不让出去玩，不让买玩具，不让买零食，不让写作业出错，不让考试低于80分……"

他连着一口气说了很多个不让，然后说："可是换成他们自己就可以，我爸自己打游戏，玩得很晚，我妈自己看电视，看到很晚，凭什么他们能玩，我玩了就挨打？凭什么我就得服从他们？"

他说着硬起脖子，像是在跟人吵架："不就是个子比我高，力气比我大吗？我要是长大一点，能有饭吃，不会饿死，那我就一定离开这个家，离开这个'监牢'！"

小军说的最后一个字眼，让我突然明白了问题所在。

在小军父母的眼里，这孩子太不听话，必须严加管教。这都是为了他的将来着想，真真实实地为了他好。但问题是，在小军的眼里，父母只是在一味严加管教，要他绝对地服从。这个必须无条件服从的家庭，变成了可怕的监牢。他渴望着有朝一日逃离这里。

由此我们可以看到，父母和孩子之间的彼此隔阂，多来自立场上的不对等。父母的立场是为了孩子好，似乎情有可原，然而孩子的立场却被屏蔽了。在小军看来，既然要我服从管教，不玩电脑，不看电视，那么你们为何不能做到呢？为何你们只为我制定规则，而你们自己却可以随心所欲呢？

事实上，这个规则的制定者完全有责任和义务向孩子讲清楚其中的边界。遗憾的是，父母往往是宣布了规则让孩子无条件服从，而自己却可以无视规则。这就是一种强权的专制和压迫，只会带来反抗和叛逆。

在孩子不明就里的情况下，父母用专制独断的管教来进行教育，只会让孩子对父母的敌视多加一重，促使孩子的叛逆意识早早萌芽。毕竟，孩子的独立意识不断增强，他想要看到公平，想要看到尊重，想要知道真相：我也拥有看电视和玩电脑的权利，和你们一样！凭什么不行？！

这个时候，小军已经忽视了自己做的事情本身，在他的眼中，对错根本不重要，重要的是，为了对抗大人的这种强权，他必须证明自己。为此，他无视学校的规则，屡次破坏这种规则，不按时写作业，不按时上课，总是逃课，父母不让他跟谁玩，他就偏要跟谁玩。

在孩子的心中，只有一句话：不服气！也只有一个口头禅：凭什么？可见他的内心对父母的愤怒情绪有多么高涨。

试想一下，如果父母在一开始制定规则时，就能够和孩子明确好要互相监督约束，这样就代表规则面前大家一视同仁，责任共同承担，那么，孩子获得了尊重，完全可以避免这种冲天的愤怒，更不可能让这种愤怒屡次发酵，最终造成无法逾越的鸿沟。

然而对于父母来说，孩子的过激反应都是始料未及的，对孩子管教的初心，是要培养他的自制力，并非要他成为战战兢兢的命令执行者，更不是不听就打的"少年犯"。

仔细反思，在家庭教育中，我们到底是通过专制的管控来培养孩子的自制力，还是通过言传身教给孩子一个正面积极的榜样，让他见样学样更好呢？

显然，后者是更好的办法。问题在于，我们有多少家长能做到呢？

当我们想要让孩子不看电视，不玩游戏，认真读书时，问问自己，我们做到了多少？

在女儿1岁多的时候，为了养成她看书的习惯，我专门开辟了一个小小的书房，在书房里电视、电脑、玩具统统没有，只有一地的书，各种各样的，有绘本，有大部头的专著……她和我就坐在里边，除了看书，就是躺在书上面。每次看到我拿着书，一边看一边用笔画出记号，她也会学着我的样子，认真地翻着一本书，在上面用笔画出红线来。虽然她未必能读懂书中的意思，但是摆出来的那种姿态，就是好好读书的样子。

后来女儿上了幼儿园，回到家之后，她就会像老师那样，让我和她爸爸做她的学生，她拿着一本书，很认真地读：小鸟飞了，虫子叫了……我和她爸爸也会跟着她一起读：小鸟飞了，虫子叫了……这时候她就会大声说：声音大一点儿，再大点儿。我和她爸爸会遵照她的要求，大声读几遍。慢慢地，当我领读女儿的时候，她也会声音大点，再大一点，很认真地读。

当地上一片凌乱的时候，我会自己默默地收拾东西，一本书一本书地整理好，女儿看到了也不会袖手旁观，跟在我身后来帮忙。后来，她也会在我没有任何要求的情况下，自觉地把书本整理好，放在书柜里。

很多时候，孩子并不是不愿意自觉完成任务，也并非没有能力，他完全可以管理好自己。问题在于，父母并没有通过言传身教，给他们一个良好的示范，帮助孩子建立自我管理意识，而这才是孩子最亟需的东西。

与其怒吼暴打孩子一百次，不如自己弯下腰，踏踏实实地做一次给孩子看。一味地强制孩子无条件服从，只会招致一个结果，那就是反抗和暴怒，与我们的初心背道而驰。

教孩子用文字表达想法——培养写作能力

在家长群里，大家说得最多的，也是最头疼的事情，就是孩子写作文的问题。闲谈中，大家都不约而同地担心：作文写不好，将来高考是要吃大亏的。

我也在学生群里问孩子们："你们为什么写作文？"

大家异口同声："考试必须得写呀！"

我问："如果不考试，你还用写作吗？"

孩子们理直气壮地回答："当然不写呀！"

这个回答让我沉默了很久，但这是一个事实。

不可否认，在很多家长和孩子的意识里，作文是拿来应付考试的。为了考试成绩好，就得写好作文。

这个答案无可厚非。但我们要知道，这种应付性的被动选择往往会抹杀孩子的积极性，更会抹杀孩子的灵感，甚至会让孩子产生消极和懈怠。为了应付任务，孩子还会采用抄袭、敷衍的方式来完成这个任务。

事实上，写作既可以拿来应付考试，也可以拿来记录自己的想法，拿来发现世界，整理自己的思路，完整呈现自己的经历，使思维更加深刻。这两种功能选择，前者是基于工具，而后者则是基于价值。

如果基于价值，作为家长，你如何认识孩子写作这件事呢？你如何认识写作对孩子成长的意义呢？我相信，这些问题是值得很多家长深入思考和探讨的。

抛开考试这个功利性目的，写作本身对孩子的成长具有极大的塑造作用，这是毋庸置疑的。

当孩子写作一篇文章的时候，一定要经过选择、判断、思维等多项智力活动，思考的时候也会有明确的目标和方向，写作也会分步骤、有计划地进行，注意力一定会高度集中，否则就没法完成这个任务。

与此同时，写作这种高难度的工作，也将会由孩子独立完成。在这个过程中，他可以说自己想说的话，建立自己的思维体系和思维模式，逐步丰富自己的表达层次，并由此发现自己的价值所在。

写作是一个孩子对外在世界的内在思考。通过写作，他丰富的情感和活跃的思维，都将会在文字当中展露出来。可以这么说，借由文字的表达和呈现，孩子的内在品质获得了由浅及深的发展和塑造。

不要以为，孩子不会写作，事实上，每一个孩子都是天生的诗人，灵感无处不在。我们看不到，是因为我们常常忽略。

女儿2岁的时候，看到漫天的雪花，她会说出诗一样美的句子："妈妈，是谁在天上撒花？一朵，两朵，三朵，数也数不清……""妈妈，您是我的羊毛裤，冬天来了，还是暖融融的。"从那时起，我会记录下她说的每一句"诗"。

也就是从那一天开始，我有了想要让每一个孩子都绽放灵感的想法。为此研发了佩拉米灵感学习法。

在我的课堂上，每个孩子都释放出天生的诗情，洋洋洒洒几首古诗，可以在瞬间如清泉一般，汩汩流淌。虽然质量并非上乘，但仔细品读，也还是可圈可点，令人惊喜不已。

有很多人问我："让孩子写那么多古诗，意义何在？"

我的答案很简单："让孩子和写作有更深入的链接。"因为，我们对写作抱有的态度，一直以来都太过功利化，忽视了写作本身对人的大脑的重塑性。事实上，我们让孩子写多少首古诗并不是最终目的，只是手段。借助这个手段，能够让孩子发现自己的天赋所在，开启自己的灵感之门，让写作像呼吸一样自然，像说话一样随时随地，自由自在。

这个时候，孩子才会发现，文字本身是有魅力的，也充满了魔力，并不是古板的，也并非遥不可及。

说白了，古诗写作是在培养孩子一种习惯，一种运用简练的文字表达内心感受的习惯。当孩子将写作当作表达自我、亲近自我的一种方式时，孩子就养成了一种良好的写作习惯。在未来的生活中，即使他遭遇挫折和困境，起码还拥有一个通道——在这个文字的通道里，还有诗意，孩子可以从中看到希望和梦想的光芒。

这个时候，写作对于孩子来说，就发挥了应有的价值，也实现了真正的意义，并且成为他终生的优势所在。

哲学家周国平在跟大学生进行交流的时候曾经说过，自己的创作是从小时候开始的，当他看到好玩的事情时，就会用笔写下来，欣赏、赞美、讴歌，当他感到困惑的时候，就会写下其中的愤怒和不解，和自己对话，直到释怀；当他心存感激的时候，就会写下点点滴滴，发现生活之美。文字表达，成了他一路成长的有力武器，在这种无声的记录中，他发现了世界的奥秘，打开了智慧之门，走进了宁静、安详的人生胜景。

生活就是一个巨大的资源宝库，蕴藏着丰富的写作素材。只要引导得当，就可以让孩子在写作中获得提升：思维变得灵活，考虑问题也会全面完善，更重要的，孩子为了表达得更准确生动，就会主动去阅读书籍，积极吸收外来的知识，内化成为自己的写作技能。这个积极主动参与的过程，就是写作最大的功效所在。

当然，我们让孩子主动写作，并非为了有朝一日做一名作家，这个要根据孩子的兴趣爱好来定，并非每个孩子都希望一辈子做职业写作的人。但是，写作训练本身却是发展孩子思维和智力的有效途径。

作为"70后""80后"，仔细想一想上学期间的经历，我们都很难忘记那段给人写信的时光。为什么？因为我们写信的时候，会进行充分思考，包括对要说的内容有一个基本的考量，会合理布局的逻辑，由此调动自己全身的细胞，将自己对世界的体验都集中在笔端。不管是给父母写信，还是给自己心仪的人写信，或者是给朋友写信，我们都会认真梳理自己的思绪，重新感知世界，为了让表达生动、清楚，甚至会引用一些书中的句子。就这样，一边写一边对生活的经验进行反思，无形中对原有的生活增加了更多丰富的感受。

显然，对现在的孩子来说，已经没有机会重新回到那个节奏缓慢的时代。QQ、微信等各种社交媒介，让交流变得快捷简单。很多父母和孩子用微信或者QQ交流的时候，虽然也是在上面打字，但没有赋予文字所具有的书面含义，文字变得越来越口语化，越来越缺乏语感和条理性。因为这个缘故，文字这个美好的工具所具有的丰富性正在消失。

那么，该如何让孩子合理地运用文字表达呢？

曾经和一个非常有经验的老师聊天时，她讲到有一个孩子平时作文写得很烂，让她更火大的是，这个孩子就是不愿写作文，每次都要催促很多次，才会将作文交上来。

怎么办呢？后来她想了一个办法，跟这个孩子说：你不想写作业也可以，但是有一个条件，你写一篇以"不想写作文"为题的文章给我，一定要有充分的理由说服我，我就不让你写作文了。结果这个学生写道：每次老师布置的作文题目，非常枯燥，没有感觉，觉得没意思，没有事情可以写。这位老师就问："那你想写什么？能写什么？你用文字表达给我。"这个孩子为了说服老师让自己不写作文，非常积极地投入写作中，不但调动了自己的思维，而且写了很多与众不同的事，他将看到的动画片里的好句子都巧妙地运用在里边，还写出了自己的感悟，写得非常生动活泼，这让老师喜出望外。后来，他写的文章被老师在课堂上当作范文，让这个孩子大受鼓舞，于是他自然而然地喜欢上写作了。

每次这位老师跟我交流这个案例的时候，都会让我特别有启发。在家庭中，随着孩子年龄的增大，不听话的时候越来越多。这个所谓的不听话，其实就是孩子有了自己独特的想法，和我们的想法越来越不一致。这个时候，作为家长，往往会采用压制的办法，却在无形中导致了双方的对立，亲子关系非常紧张尖锐。

有句话叫"流水不腐，户枢不蠹"。对孩子的想法要学会聆听，学会客观分析，这才是家长最应该做的。这时候，如果我们做不到面对面交流，可以鼓励孩子用文字的形式将自己的想法完整地写下来。在写作的过程中，孩子会冷静下来，仔细梳理自己的思路，这个过程本身就是教给孩子冷静思考的好办法。

生活中很多父母和孩子常常是一言不合，怒目相向。其实大可不必。作为父母，完全可以告诉孩子：你如果想要哭，想要诉说你的委屈，写到你的文章里去。这样的引导，就给孩子一个指引，让孩子在文字中抒发自己的情感和体会。当孩子愤怒悲伤的时候，大人往往是没有精力来照顾和安慰的。但此时的孩子急切需要一个包容的空间，给内心提供滋养。如果孩子能够通过文字，在笔下倾泻自己的这些痛苦和烦恼，那么孩子将会在无形中给自己创造出一个无限宽容的独立世界。在这个世界里，他将学会非常耐心、安详地对待自己。这个时候，他的情绪已经有了一个抒发的通道，也就不会跟大人产生正面冲突。换句话说，他的负能量已经得到了有效的宣泄。通过文字表达，孩子完成了对自己的开解和鼓励，这也正是写作的根本意义和价值所在。

在这个世界上，我们无法陪伴孩子走一辈子。他内心的苦痛只有通过自己来化解，能够陪伴他的，永远都只有自己。教给孩子用文字表达来抒发自己的情感，激励自己，安慰自己，将会让孩子受用终生。通过写作这个方式，他会在内心深处和自己对话，最终完成独立意识的成长，慢慢蜕变为一个内心强大的人。这正是我们希望他掌握写作这门利器的根本原因。

第六章

培养孩子良好的习惯，让孩子终身受益

不管是孩子，还是大人，每天高达90%的行为都是出自习惯的支配。可以说，几乎在每一天，所做的每一件事，都是习惯使然。在你我的身上，好习惯与坏习惯并存，那么，唯一能够有效改变我们生活的手段，便是去有效地改变我们的陋习，培养良好的习惯。幸运的是，我们每个人都有这个能力，包括孩子。

改变拖延陋习

临出门时，小聪的妈妈很着急，可是小聪偏偏不急，磨磨蹭蹭，拖拖拉拉，妈妈叫了他很多遍，他还是一副慢慢腾腾的样子，妈妈不由得怒火顿生，恨不得一巴掌打过去。

小龙的妈妈更烦恼，明明十分钟就可以完成作业，小龙却偏偏要花费两个小时，甚至更多时间。眼看着他每次熬夜写作业，妈妈不由得怒火中烧，不动手不足以平息怒火。

在生活中，因为孩子的拖延，每一位家长都大为头疼。虽然为此大发雷霆，却收效甚微。

拖延几乎是人人都有的一种坏习惯，具体表现为一件任务不能早一点完成，总是不得不拖到最后才完成。《中国青年报》社会调查中心的一项调查显示，有72.8%的人认为自己患上了"拖延症"。

历史上，达·芬奇是经常被提到的"拖延症"患者。他的《蒙娜丽莎》画了4年，《最后的晚餐》画了3年，他还留下一大堆未完成的画作，也是拖延的关系。还有大文学家雨果，为了克服拖延，他甚至强令自己赤身裸体写作，让管家把他的衣物藏起来。

对于孩子来说，写作业拖延，做事磨磨蹭蹭，这些行为的确很恼人。大部分家长都认为是孩子太懒，缺乏主动，但是在这些恼人行为的背后，并非没有隐情。作为家长，只有看懂孩子行为背后的心理，才能对症下药，否则武断地发怒，只会加剧亲子关系的紧张。

在我的学员当中，不乏各种拖延的孩子。他们每次拖延学习任务时，我就会追问原因，看看到底问题出在哪里。

小涛是个看起来很胆小的男孩。虽然11岁了，但是每次上学出门之前总会磨磨蹭蹭，拖拖拉拉。无论是上课回答问题，还是写作业，他都是能拖就拖，尽量逃避不做。为此，我和他进行了面对面的对视。在突破了戒备心之后，他向我说出了知心话。

我问："你在害怕什么？"

小涛讲述了自己的故事：

上二年级的时候，我有次作业没写完，老师就把我叫到讲台上，让小朋友们都看看，说我长得像个傻子，我听到大家都在大声笑，心里很难过，就哭了起来，结果只顾着哭，没想到一下子没憋住，尿了裤子。这下子让大家都知道了，我特别害羞，都不敢抬头。回到家里，做错了好几道题，爸爸检查到了错题，就拿着作业扔过来，骂我："这么简单的题目你都做错，你这脑袋到底能干啥？"

我每次看到老师和同学，都特别害怕。害怕大家笑话我尿裤子。

小涛的情形其实并非个案。实际上，每个孩子在拖延行为的背后都有一段内心的阴影。可以说，那些总爱拖延的孩子，大多都是不快乐的孩子。这些孩子的父母大多都性格急躁，要求极高，而且控制欲相当强，平时都会给孩子布置相当多的任务，督促和强制孩子完成。最重要的是，这些父母大多都不给孩子选择的机会，总是强势地硬性命令孩子，甚至用高压政策来督促孩子。

为了反抗父母的这种强权，孩子无意识中选择了磨蹭、拖延，并不断地给自己心理暗示"我斗不过你，我只有拖"，不断强化自己的拖延行为，从而导致拖延成为习惯。

以上是从心理方面而言。另外，在行为上，拖延的孩子大多都缺乏时间观念，做事没有计划性，也欠缺条理性，注意力难以集中。这些问题并非孩子天生的，而是父母在教养的过程中，忽略了这方面的引导，从而导致孩子没有形成良好的习惯。

除此以外，还有一个重要的问题，就是孩子对自我要求过高，过分追求完美，总想做到最好。拿写作文为例，拖延的孩子大多期望值过高，总认为一定要写出人人称赞的文章才是好文章，由于过分缺乏自信，写的时候不断否定自己，觉得写得很烂。越写越没信心，越没信心就越不想写，这样就形成恶性循环，拖延成了"家常便饭"；父母看到孩子拖延就火冒三丈，又加重了孩子的焦虑，久而久之，拖延就成了顽症。

针对孩子的拖延，抱怨和指责都是无效的。最有效的办法，就是在看清孩子拖延背后的心理诉求的基础上，找到适合孩子的解决办法。

以下推荐几点建议：

其一，分解并重组任务。

有拖延行为的孩子，单纯依靠自己的意志力很难改变这个不良习惯，因此需要家长进行引导，给孩子的学习任务重新进行组合。比如，原来需要注意力集中两个小时的开放性任务，我们给他分解为多个封闭性任务，拆解为半个小时或者二十分钟的任务，且要求其必须在这个时间内完成，每完成一次，就给孩子一次鼓励，孩子的信心就会增加一次，这样就增加了克服拖延的筹码。

其二，多做兴趣性计时训练。

孩子拖延行为的形成，主要是某件不感兴趣或者是压力大的任务没有完成，使孩子丧失信心，导致孩子做什么都习惯性拖拉。因此，家长在平时的生活中，可以多给孩子安排一些简单有趣的任务，比如做一根绿豆冰棍，制作一张动态头像等，这些活动孩子都很感兴趣去做，此时家长就要让孩子明确一下整个流程，预先判断一下大概需要多少时间，这样做一方面可以增强孩子的时间观念，另一方面可以提高孩子的做事效率，让他感受快速完成任务的成就感，形成良性循环，养成好习惯。

其三，多从正面角度进行评价。

在大部分拖延的孩子中，家长通常都会这么评价："你太慢了""你这么拖拉""真慢死人"。事实上，这种评价不但会在孩子的潜意识中形成一种负面的暗示，还会让孩子形成对抗心理，不利于克服拖延习惯。为此，我们就要改变这种负面评价，从积极的角度入手，如"我相信你很快就能快起来""你已经比我快了十分钟""你这次比上次快了五分钟"，这些评价都会调动孩子的积极性。此外，我们可以和孩子进行比赛，比比谁先出门，谁先吃完饭，谁先到达目的地等，可以让孩子多赢几次，由此培养孩子不拖延的习惯。

其四，让孩子明确时间节点。

孩子大多没有时间概念，这跟家长的引导有关。如果我们平时就让孩子在指定的时间节点内完成任务，孩子就会有一定的计划性。实际上，培养执行力重在点点滴滴渗透，比如，在给孩子布置既定任务的时候，附加一个时间节点，提前十分钟或者五分钟提醒孩子进入"执行"状态，这样就可以让他在心理上有一个过渡。此时，不应该用"待会儿""等一下"这些模糊的字眼，而是用明确的"十分钟""五分钟"来提醒孩子，以此培养孩子自由支配自己的工作节奏的好习惯，使其形成执行力。

让孩子量力而"行"

在家庭教育中有一个很普遍的现象，很多家长为了督促孩子，总是会将过多的期待强加给孩子，给孩子设定各种目标，并辅以各种鼓励措施，要么精神诱惑，要么物质奖励，不管是何种形式，这种看似是激发孩子动力的行为，却在无形中给孩子带来了沉重的压力。

田田平时成绩很好，但是一到重要考试就会考得一塌糊涂。他说，考试的时候简直就懵了。问他当时在想什么，他说："我总是担心考不好。担心达不到目标啊。"目标是父母设定的，而且一次比一次高。在父母看来，人要一步步往上走，不能落后，必须一步一个阶梯。这个想法固然没有错，但问题在于，孩子在步步紧逼的目标里已经不堪重负。

这个12岁的孩子曾经不止一次地问我："老师，您说我到底行吗？"我说："你当然行啊。我相信你，你也要相信你自己！"田田说："可是我妈说必须到前五名才行的。我还是没实现这个目标啊，我觉得我太笨了。"我仔细看了他的成绩，在当时的班级中，他能排到前二十名已经算不错了。可是家长给他定的目标，居然是前五名。这对孩子来说，实在是有点勉为其难。

让孩子力争上游没有错，只是这个目标的设定若太不符合孩子的实际情况，就会适得其反，拔苗助长。我们都知道，万物发展必须遵循循序渐进的规律，在家庭教育中更是如此。

对孩子而言，一点一滴的进步，就像刚刚复苏的生命力，会焕发出持久的活力。这个道理，作为家长的都非常明白。但在执行的时候，往往过于心急，总想让孩子尽快成长，忽略了孩子的实际情况。也或者说，是父母不愿意直面孩子的实际情况，过分苛求高成绩和高名次，在这种隐秘的心理渲染下，孩子变得紧张和焦虑，陷入了对考试的恐慌之中。

如果再仔细分析不难发现，我们之所以想要追求超出孩子实际情况的高名次，更多是站在自己的立场，忽略了孩子本身的诉求。这个时候，我们没有承认孩子的独特性，而是把孩子往一个集体的模子里套。比如，孩子数学特别好，语文特别弱，家长非要让孩子的语文考到平时成绩的3倍甚至更高；孩子成绩中等，但是才艺创作方面很有天赋，也充满兴趣和热情，家长非要让孩子在成绩上立刻拔高几个层次，那显然是勉为其难的。

每次考试前，老师都会给学生制定目标，父母也会制定：得到多少名次，可以获得何等奖赏，否则，免谈！事实上，这个奖惩方案刚开始是相当有效的，它就像挂在驴子眼前的胡萝卜，孩子的确有了动力。毕竟，急功近利是人性的弱点。家长也乐得动用物质刺激，让孩子尝到甜头而就犯。然而，这种在驴子眼前挂胡萝卜式的模式，慢慢地会让孩子失去耐心。

在学生群里，我常常听到孩子们感叹压力山大，身卜背负的是大人们沉甸甸的目标，有的甚至还是一座无法逾越的高山。有的孩子干脆这样说：

"算了，不答应我的条件算了。反正也实现不了，在我妈眼里，我这也不行，那也不行。"

很显然，孩子尝不到甜头，相反尝到了苦头，而且让家长始料不及的是，孩子变得执着于对目标的实现，一旦没有达到目标，就会过分自卑，背负巨大的心理压力，看不到自己的优势，久而久之便会自暴自弃。

在这个世界上，不管我们多么爱孩子，最终落实到一点，就是要给孩子最大的保护。这种保护并不是基于过高的要求和期待，而是基于尊重——尊重孩子的个性发展，尊重孩子的个性差异，让他有自己独一无二的一面，让他能够生龙活虎地向前，对自己不抛弃、不放弃。

在这个保护的前提之下，我们给孩子设定的目标，不是站在自己的主观愿望这个层面，而是量孩子的力，从孩子的自身实际出发——如果他能在自己原有的基础上，持续进步和发展，就是"行"。

其实，我们给孩子设定目标并不是关键，关键是要引导孩子一步步超越自己的实际情况，从"不行"走到"行"，在这个蜕变中全程陪护，将孩子的信心激发出来，培养孩子的核心优势。

那么，怎么才能将孩子的信心激发出来呢？举个例子。

孩子语文成绩特别好，数学成绩却不太好，家长会怎么做？大多数都会选择让孩子放一放语文，花费精力将数学补上去，并设定较高的数学目标。结果怎样呢？有不少家长都跟我谈到过这个困惑，不知道为什么结果适得其反，不但数学没有补上，语文也退步了。

孩子对艺术特别有兴趣，爱好唱歌、画画、舞蹈等，并且也在同龄孩子当中比较擅长，家长会怎么做？家长认为这个不符合教育主流，担心会影响孩子的学习成绩，因此，让孩子放弃爱好，专心投入学习。结果也同样让人遗憾：当孩子没有了爱好之后，成绩反而不如以前了。

为何会这样？其实道理我们都懂，正所谓扬长避短，这个道理应用在家庭教育中，其实就是扬长促短。

对孩子来说，最重要的是信心。而什么能激发他的信心呢？那就是他的成就感。孩子语文成绩好，那么这就是他的优势项。优势会让一个孩子的信心大增，他的自信心和学习兴趣也会随之大大提升。

孩子对艺术有爱好，在同龄人中出类拔萃，这就是他的兴趣和动力所在。这个时候，我们不仅不能让孩子忽视这个优势，还要大力扶持让他充分发挥优势，投入其中尽情享受这种乐趣。当孩子如鱼得水时，再引导孩子突破自己的弱项，一点一滴，多加钻研，就会水到渠成，孩子接受起来也会自然而然。

在历年来的高考状元中，我们看到，每个孩子都有着非常广泛的爱好，他们并不是死读书者，而且他们的擅长和学习毫不冲突，相反还互为促进，合二为一。

事实上，孩子一旦找到并进入自己喜欢和擅长的领域，就会投入十二万分的热情，花费大量的时间和精力，慢慢积累自己的方法和技巧，不但人有了动力，而且精神面貌也不一样了。信心和勇气都会增加很多。这正是学习的本质所在。

我们做家长的，一定要树立一个宏观的学习理念。古人说，破万卷书，行万里路，这是对学习的一种生动解读——读书是吸收知识，行路是输出知识，这里包含了心智发展的两个层次。在今天这个变化迅猛的时代，不管学什么，主流考试的科目也罢，非主流爱好的培养也罢，都是为了丰富孩子的心灵，磨砺孩子的心智，让他有追求，有担当，有信心和勇气面对未来。

基于这个愿景，我们要让孩子客观认识自己的弱项：并不是你天生这方面不行，而是投入的时间和精力比较少。尝试下，多投入一点时间和精力，完全可以改变从前的自己。

有教育学者认为，只要在某一个领域积累足够的时长，专心钻研，效果就一定会大为不同。一个在跳舞上投入20分钟的孩子和投入200分钟的孩子，效果绝对不可相提并论。

作为家长，要让孩子从自己的优势项开始思考体验，了解自己的实际情况，然后再让孩子将这些体验和自己的弱项挂钩，分析自己的问题所在。

我经常让群里的孩子分享自己对某一个学科的学习心得，通常会设计这样的流程：说说你在这门学科里花费了多少精力？请你用500个方格（一个方格代表一分钟）——努力值，来量化你的时间和精力，数数你原来用了多少方格？现在，你要将目标设定为多少个方格（即努力值）？你将用这些努力值学习哪些内容？

孩子发现，自己的语文成绩好，是因为自己花费了将近400个方格，而数学成绩弱，是因为自己花费了不到200个方格。那也就说明，自己需要在弱项上投入多一些时间和精力（即努力值）。

于是，每个孩子都会根据自己要付出的努力值，量化自己要学习的内容，从而有效地安排自己的时间，持续不断地推动自己的计划。比如，有的孩子设定目标，要每天花费十分钟时间，攻克数学的某一个难关，这个难关可能只是五道之前做错过的数学题，也可能是自己没有理解的一个数学概念。

通过这样的交流和沟通，孩子们惊奇地发现，自己的成绩随着付出时间和精力的增多（即努力值的增长），很快有了正比例的提升。这种由孩子自发的目标设定，一定程度上改观了由大人强硬设置目标的被动消极，有利于孩子正确看待努力和学习的关系。

我们作为家长，也完全可以和孩子进行这样的互动和交流，持续不断地关注孩子，给予足够的鼓励，让孩子通过自己一点一滴的努力，看见自己一点点的进步。这个时候，我们会发现，与其给孩子设置各种高目标，不如让孩子量力而行。当孩子根据自己的情况自主设定努力值时，不再执着于实现某个特定的成绩和名次，而是客观看待自己，将注意力放在了如何有效地付出精力和时间来完成计划和任务上面，从而大大提升了学习的效率，真真实实地找到了自信心。

让孩子保持"玩"心

传统的家庭教育认为，慈母严父是最佳拍档。理由很充分——家长要有家长样，一定要能唬住孩子，否则孩子不怕你，怎么震慑得住顽劣的心？这种教育观本无可厚非，但仔细想想，这种刻板的严厉实际上弊端多多。

拿我们大人的经验来说，比如要学习一个新的技能，你的boss板着脸大声训斥你，说你如何如何不遵守规则，不能按时完成任务，你这个时候作何感想？肯定是暗地里痛骂，内心无比愤恨，但是你又很害怕，又不得不硬着头皮去做事，但实际上收效甚微。为什么？因为你的一部分能量被愤恨消耗掉了，另外一部分能量被害怕堵在那儿了，想要使出全部力气，显然也不能够，如此一来，自然得不到应有的效果。

对于孩子来说，同样如此。一个没有经验的老师，常常在班级里极尽侮辱之能事，将孩子的积极性消耗殆尽，那么收获到的往往是学生的恨意，孩子也往往会变得胆小怕事，错误百出，或者气愤难平。即使我们站在道德的制高点谴责孩子不懂感恩，也无济于事。为何这样？因为孩子的能量没有得到顺利的转化，他的能量被堵塞，或者说是被耗费掉了。

美国著名的心理学教授戴维·R·霍金斯经过二十年的研究，道出人类的真相："宇宙间万物的本质是能量，一切靠能量的运作而运作。你的一个善念、一个温暖的举动，都有可能为他人提升数百倍能量，让对方感受到无尽的喜悦，瞬间激发求知的欲望，为之付出终生努力。反之，你的一个恶念、一个打击，都有可能将对方的能量降到最低，让对方产生极度的羞耻感和无力感。"

在对孩子的教育中，大多数人不注意能量的转换，一味抱着自己的主观愿望，基于自己的诉求，想当然地将自己认为的所谓"正确理念"强硬地塞给孩子。板着脸教训，高高在上地指责，就是惯常使用的一种刻板模式。

这种模式的目的只有一个，那就是让孩子害怕。我们认为，只有害怕，他才会有敬畏之心；有了敬畏之心，他才会有动力改错，下次就不会再犯。

事实到底如何呢？

我们会发现，那些不苟言笑的父母，的确让孩子充满畏惧，但他们和孩子之间的距离却非常远，双方的感情也非常漠然，甚至可以说，除了吃喝在一起之外，几乎很少有平等的交流，沟通也陷入了困难。

原因何在？根据霍金斯的能量转化理论可知，如果给予孩子强制、冷漠的刻板教育，那么孩子接收到的将是束缚和恐惧，这种能量会让孩子产生心口发紧的压迫感，孩子的反应自然就是紧缩自己，在成长中变得越来越无力。根据霍金斯的能量层级理论可知，害怕是较为低级的一种能量，处在这种能量中的人，缺乏安全感，做事毫无头绪，学习更没有动力。

我们可能都不相信，或者也不愿意承认，我们在爱孩子的同时，会让孩子陷入低能量，而这对孩子的成长只有破坏而没有提升，最重要的是，孩子的好奇心都被扼杀了。试想一下，当孩子有问题不敢问，有想法不敢说时，他还有想要学习的动力吗？肯定没有。他不但没有动力，而且还没有耐力。他剩下的只有被动的接受，被动的承受，在这种低能量的状态下，孩子没法快乐，更没法有独立思考的机会。

那么，该如何化解这种困境，让孩子获得正向积极的能量呢？

其实，要突破困境并不难。只要改换思维——与其板着脸和孩子冷漠以对，不如和孩子幽默互动，做一个有趣的家长，让孩子恢复一颗"玩心"，忘记烦恼，像绽放的花儿一样生机勃勃。

在《西游记》里，人们最喜欢的人物是哪个？不是整日里严肃古板的唐僧，也不是拥有七十二变的孙悟空，而是那个总是能搞出很多笑话的猪八戒。他让我们在会心一笑的同时，既能看到自己身上的劣根性，又能乐观面对自己的窘境，超越自己的窘境，心情也能随之变得大好起来。

作为家长，平时为工作和生活奔波，压力都是相当大的，需要情绪释放，需要心灵解压。我们在疲惫的时候感受幽默，在幽默的感染下会心一笑，不但能够在生活的重压下喘口气，也能够有效消解自己的烦恼，学会智慧地处理问题。家长如果能够用幽默来面对孩子，家教模式也会变得灵活，孩子也会受到潜移默化的影响，在未来的生活中变得积极乐观，富有弹性。

在我的课堂上，每个孩子都能够感受到我的幽默。因为一句别开生面的广告语，或者是一个风趣的故事，不苟言笑的孩子也会哈哈大笑，继而从心底里和我亲近起来。

我发现，幽默就像是黏合剂，能够将老师和学生牢牢地粘在一起，让大家的玩心都释放出来；同样，一个有趣的妈妈或者爸爸，也一定能够紧紧地吸引着孩子，让孩子寸步不离。当孩子从你那里感受到快乐和放松时，他也一定愿意追随你，这个时候，你不用强制孩子，更不用威逼孩子，他就会跟着你的节奏，主动积极地配合你。

要做一个幽默的家长，并不困难。只需要放下我们所谓的成熟，放下我们高高在上的威严，保持一颗童心，跟着孩子的视角，用孩子的眼光来观察生活就足矣。

在夏令营的活动中，父母们在和孩子一起探寻大自然时，会听到孩子很多好奇的问题。好奇心激发了每个孩子的求知欲望，让他的想象力插上了翅膀。孩子看到森林里的蝴蝶时，会联想到蝴蝶做梦，联想到生活的斑斓，一下子激起对未来的渴望。

当父母能够和孩子一起追着萤火虫，一大清早看枝头的鸟儿，聆听鸟儿唱歌，让孩子观察野外的花草，看植物如何生长时，孩子就会将父母当作朋友和玩伴，想什么就问什么，有什么就说什么，这不但增进了彼此的感情，而且双方都能够从中感受到生活的乐趣，对自身的成长都是大有裨益的。

在这个过程中，做父母的也可以假装一无所知，像孩子那样提问，这个时候孩子的角色一定会反过来，彼此重新调换角色，勾起孩子为人师表的一面来，孩子会一本正经地给大人上课，无形中增长了自己的知识，既好玩又开发了孩子的好奇心。

也或者，我们可以和孩子一起，坐在电视机前跟孩子看动画片，到电影院里看一部动漫电影，一起讨论那些可爱的人物，孩子乐不可支，你也会慢慢被孩子的快乐感染。最重要的是，在动漫里，孩子看不到的东西，你能看到，比如那些孩子成长的道理；你看不到的，孩子能看到，比如那些孩子的思维。事实上，有效的关系建构，是需要相互沟通的。然而在平时，我们和孩子之间根本没有机会相互沟通。

大人常常单向输出信息给孩子，而且这种信息大多是负面的指责，并伴随高压政策，即便有一些鼓励和支持，也大多流于空泛，没有实际意义，孩子也只会当成是能看不能吃的"蛋糕"。

但当我们和孩子真正一起玩的时候，信息的输出就变成了双向的，不再是单向的。彼此之间有了能量的流动和交换，趣味就在这个时候产生了。你会发现孩子说的话很萌，很有意思，甚至还觉得其中蕴含着一些哲理；孩子也能体会到，父母比自己懂得的事多，挺好玩，这就有了向心力，孩子就会心甘情愿做家长的粉丝，愿意听大人的话，并从大人的话语里吸收更多的知识。

当我们变得有趣，不再板着脸严肃地教给孩子枯燥的道理，而是给孩子一个空间，陪着孩子一起好奇地观察生活，去发现美好，发现好玩，相互间乐此不疲地寻找有趣、寻找好玩的东西，持续不断地去探索时，家庭就变成了有趣好玩的地方。要知道，一个好奇心大发的孩子，会比那些沉着稳重的孩子更有成长性，更具有发展性。

先让孩子学会做人

小明是个比较活泼好动的男孩。可是在学校里却经常和同学闹矛盾，起纠纷。好几次打架弄得双方狼狈不堪。经过老师调解之后，小明已有所收敛，可是刚安生几天就又会"旧病复发"。事后调查，其实每次事件的起因都很简单，就是由别人一句玩笑话，或者是一句闲话等鸡毛蒜皮的小事引起的。

每次我问他为什么要打架，小明总是会振振有词地说："我没招他惹他，他就乱说我。他欺负我，我不打死他，还不显得我怕他？"我问："那你就不怕受伤吗？"小明还是那么气愤填膺地说："打死了也不怕！谁让他欺负我？谁欺负我，我就跟谁拼命！"

小明的一句"拼命"，虽然语出惊人，却反映出了孩子们打架的心理机制。原来他们打架是为了挽回自尊，是为了让自己争回面子。可是这样的争面子方式，简直令人匪夷所思。别人说两句算是侮辱吗？别人说两句算是吵吵吗？吵架算是被欺负吗？被欺负了一定要拼命吗？为什么孩子们不能心平气和地对待矛盾和纠纷呢？

在一些培训课程中，老师们几乎每天都要处理学生之间的各种纠纷，小到一句口舌之争，大到打架。针对这个现象我展开了一项开放式的问卷调查：

1. 假设你被人踩了脚，你会怎么做？

一部分学生答：揍扁他。报复他。扇他一耳刮子。

2. 假设你和别人起了争执，你会怎么做？

一部分孩子答：打他。

3. 假设你被别人骂了，你会怎么做？

一部分孩子答：对着骂，骂不过就动手打。找一帮人打。

这个调查结果不得不让人反思，因为答案并不是偶然现象，那么，到底是什么导致了孩子们这种锱铢必较、睚眦必报的心理呢？会有什么危害呢？会对孩子的未来造成什么影响呢？

客观上讲，周围的生活环境以及成人的影响，是一个因素。但在这种环境之下，能够做到冷静面对的孩子也不在少数。可是为什么有些孩子选择了复仇呢？

我从一些孩子那里了解到，许多孩子之所以动手报复，原因来自爸爸妈妈在家里的一句话："孩子，千万别吃亏。别人欺负你了，你别怕，你也上去动手打。"这样的观念，从短视的目光来看，孩子是不吃亏的，可是从长远看，孩子是吃大亏的。为什么这么说呢？

姑且不论如家长所说孩子的做事风格会变得多么简单粗暴，单从心理上说，孩子因为大人的这样一种误导，会养成容易激怒、容易冲动的心理模式。

在生活中，我们都难免会遇到挫折，遇到伤害，也都普遍存在抵御外界伤害的负面反馈，诸如眼泪、愤怒等，而事实上我们应该学习冷静面对，正确地处理风波，大事化小，小事化了。这才是解决之道。

让孩子打不还手、骂不还口显然是不可能的，但问题在于，我们在教给孩子报复的同时，却恰恰忽略了：在这种锱铢必较的行为之下，孩子如何能够冷静下来面对自己的问题呢？现在的孩子，一出现问题就会怨天怨地，但就是不能从自身找原因，甚至连起码的冷静都没有，只会出于本能破口大骂，或者大打出手。这些都是不足取的，也是有严重危害的。毕竟，矛盾激化只能使事情变得无法收场，最后双方两败俱伤。

我们在生活中经常会看到这样的情景：大街上、地铁里，或者在马路上、公共汽车上，由被别人踩了脚，或者被别人不小心碰了一下，或者是在车上被挤了一下引起双方矛盾冲突的大有人在。从社会公德来说，这种行为叫作不守公德、素质低下。其实从自身来说，是心理方面出现了问题，从家教方面来说，是家庭教育引导不当造成的。

在家庭生活中，夫妻之间因为一些鸡毛蒜皮的小事，吵闹不休的，比比皆是。原因是什么呢？很简单，都是夫妻双方小时候家庭教育不当造成的。说到底还是一个争面子，"怕被欺负"的家教观念在作祟！

这种"不吃亏"的家庭教育，助长了孩子出于本能还击伤害他人的不良习气，让孩子在学校里经常因为一点小事，和同学闹意见，吵闹打架，使得人人讨厌，犹如过街老鼠，严重影响了孩子的身心发展，造成孩子人格的缺失，长大后再把这种理念传递给孩子的孩子，久而久之，就成了一种行为模式，一种逃脱不掉的心理宿命。

　　有人说，独生子女娇生惯养，生活一定幸福。其实从外表看来，独生子女过得衣食无忧，可是从内心讲，却是过得水深火热。因为爷爷奶奶爸爸妈妈的过多宠爱，使得他们缺乏冷静，不能独立解决问题。

　　在培训中有时候会出现一些纠纷。有一次，男生阿龙和小东打得不可开交。好不容易拉开了，两个人还是愤愤不平。问明原因，才知道是为了一件小事。阿龙口渴想向小东借口水喝，可是小东不肯。我问他："你们是好朋友，怎么会连口水都不给朋友喝呢？"

　　小东很委屈地说："他要是把我的水喝完了，我怎么办？"

　　阿龙因为小东不让喝水，所以动手去抢，一来二去，两个人开始吵闹，吵不过就动手打起来。

　　我问阿龙："你怎么向人家借水的？"阿龙说："我说把你的水拿来我喝。"

　　小东说："他命令我给他水。我凭什么要给他喝。"

　　阿龙说："你算什么东西，小气劲儿，连水都不舍得。"

　　两个人说着又开始互相侮辱。

　　就为了一杯水的事儿，他们打得鼻青脸肿，谁也不让谁。

　　还有一次，女生菲菲和男生乐乐打起来。问明情况才知道，乐乐走路不小心踩到了菲菲的脚后跟。菲菲大怒，以为乐乐是故意的，就质问他，结果乐乐不但不认错，还大叫："就踩你了，怎么着？"一副不以为然的架势。

　　事实上，孩子们之间经常发生这样的事情，叫老师和家长都头疼不已。原本是些芝麻大点儿的小事，结果闹成大事。到底是为什么呢？仅仅是因为孩子不懂得忍让吗？不是的。我认为，这与缺乏做人能力培养的家教有关。

　　早几年的独生子女被很多教育学者们所诟病，原因就是他们自私自利，甚至是无法无天。而现在的这一代孩子，已经不是用一个独生子女的概念就可以涵盖的。他们身上存在的做人能力的缺失、心灵的浮躁，更甚于当年的"80后"独生子女。

　　每次和家长交流，可以得知，大部分孩子平时在家里，想要什么就可以得到什么。从小的时候，他们被爷爷奶奶宠着，到了上小学，父母们一般都忙着工作，挣钱，极少关心孩子的问题，大多给孩子一点钱了事。在孩子的心目中，只要能得到钱，就可以乐颠颠地拿着去消费。随心所欲，过分物质化，急于得到心理满足，这就是这些孩子们的心理写照。

有些家长抱怨说孩子不会自律，不知道忍耐，其实原因就在自己身上。当孩子出现问题的时候，家长们极少能够忍耐住怒气，好好和孩子交流，这种处理问题的方式，让孩子们也学会了暴躁。而在和同学的相处中，他们采取的方式也大多是从父母那里学来的。

如果你的孩子贪吃贪喝，你可以仔细检讨一下，是不是自己也经常这样做？

如果你的孩子没有忍让别人的心，经常和别人起冲突，你也要想一想，自己是不是也经常这样？面对纠纷，你仔细观察一下自己，是不是自己也是把小事化大，闹得沸沸扬扬？

如果你的孩子和别人斤斤计较，得理不饶人，请你检讨一下，你在家庭中是不是也有这样处理问题的方式？从自己的心灵深处检讨，或者在爷爷奶奶那里，是不是也有这样的一种心理模式？

家庭其实就是一个大的磁场，在这个磁场中，孩子每时每刻都会受到各种磁场的吸引，而后受到感染，将家庭中父母的心理模式变成自己的模式。父母在做人方面是怎么样的，孩子也会受到同样的影响。

所以，我们作为父母，就应该从提高自己磁场的良性吸引着手，让自己在做人方面做得好，给孩子做一个榜样，然后引导孩子做人。教育孩子应该先从做人这个原则着手，如果自己身上也存在着做人的缺陷，就要警惕自己，让自己改变。

在这里我明确一个家教原则，就是对待孩子的教育，要从点点滴滴做起，关注孩子生活的细节，教给孩子"大事化小，小事化了"，多看到别人的好，多看到别人的善良，多检讨自己的问题，不能一味地责怪别人。

当孩子们能够在大人的引导之下，学会关心别人，不用自己的小人之心度量别人，不为一点小事斤斤计较，善于原谅别人，那么家长们在做人教育这一关，就及格了。

作为家长，要在带着孩子出去和自己的同学接触的时候，多给孩子做出示范，教导孩子待人要真诚；在生活中要引导孩子客观评价别人，不在背后发牢骚。

值得一提的是，当孩子和别人起了纠纷的，家长要从正面引导，合理解释，绝对不能在旁边煽风点火；引导孩子管理自己的愤怒，表达自己的愤怒，不能动用暴力。

在家里一定保持温馨的气氛，让孩子有一个稳定的情绪；自己一定不要有暴力行为，不要随意诋毁和议论别人。另外，不管自己有多生气，也千万不要妄图用暴力来制服孩子，动手打、张口骂都是下下策。与此同时，鼓励孩子多结交积极向上的朋友，向这些朋友多学习一些做人之道，培养孩子忍让、谦虚的习惯，不要斤斤计较，不要害怕吃亏，多看到对方优点。

当孩子学会了做人时，就有了自己独特的行事风格，能够冷静处理生活中的问题，大人也就可以将手中的风筝线放得更长一些，让孩子尝试飞翔。

教孩子善用网络工具

阿飞的接受力很强，小脑袋装的东西颇多，也见多识广，性格开朗活泼，爱说爱动，说起话来头头是道，但他的脾气比较暴躁，动不动就爱动手，还喜欢骂人。

最让老师和家长大为头疼的是，他是个痴迷网络游戏的孩子。为此，他没少挨打，爸爸盛怒之下，砸坏了家里的两台电脑，但是毫无成效，阿飞依然故我。

在父母和老师的眼里，网络就像是个魔鬼，将阿飞的心魂都偷走了。他不惜逃学，甚至偷家里的钱，简直无药可救。可是事实上呢？阿飞告诉我，他在家里很无聊，没人玩，大人们都在忙着，就算闲下来，不是问考了多少分，就是指责他今天没读书、作业没写完。他不想听那些没完没了的责问。因为这种责问，让他心里除了烦之外，还是烦。但在网络里就不一样了，这里有很多好玩的游戏，可以升级打怪，只要能通关，就可以获得各种奖励，如果配上顶级的装备，那就简直太牛了。

其实，很多孩子和阿飞的想法一样。在家庭中得不到关爱和理解，因此自己投身到家庭之外，寻找一个出口，让自己忘掉这些烦恼。这也是一个很正常的心理需求。对父母而言，孩子终究要长大，终究要独立认识世界，独立发现世界，网络恰恰提供了无限可能，新鲜的东西层出不穷，孩子在大开眼界的同时，发现了一个有别于自己沉闷生活的虚拟世界，霎时间迷失其中，也是在所难免。

事实上，家长对孩子上网这个行为，大多数情况下都是严令禁止的。在我接触的孩子当中，很多家长万般无奈才会给孩子配备智能手机，但是内心里仍然会惴惴不安，担心这样会让孩子学坏，到时候后悔都来不及。毕竟网络的世界是虚拟的，五花八门，什么都有，色情、暴力、恐怖，这些都有可能伤害孩子的身心，给成长中的孩子带来极大的伤害。家长的担心不无道理。然而网络毕竟是一个客观存在的现实，具有丰富的资源，不但是知识的海洋，更是个人能力增长的推进器。如果一味地限制孩子，让孩子做到彻底不玩，无异于因噎废食，而且也是不可能的。既然堵不住，还不如积极面对，进行正确的引导，在思想上给孩子多做梳理，尽可能做到正确指导，是完全可以让孩子做到自律自制、洁身自好、不受污染的。

这里提供以下几点参考建议：

其一，要明确使用目的。

电脑和网络，包括智能手机，它们只是工具。工具是拿来用的，是人的附属品，人是可以控制工具的。既然是工具，那就需要明确工具的用途，明确使用目的。比如，你要用电脑做什么？写字、工作、学习，还是打游戏？

每天用多长时间？不管是做什么，学习也罢，娱乐也罢，只要把握一个度就不算过分。

对于孩子来说，家长在给孩子配备电脑及智能手机的时候，一定要明确这个目的，并让孩子理解这一点，绷紧这根弦：时刻警惕自己是否被手机、电脑给控制了。如果手机和电脑让自己变得越来越懒散，学习跟不上，成绩越来越差，连吃喝拉撒都顾不上，那就证明，电脑和手机变成了一个魔鬼。这时候就要让孩子做一个选择，要么重新确定使用目的和计划，要么彻底远离。

大人给孩子明确使用目的，是让孩子养成理性使用电脑和玩手机的习惯，学会清醒地利用网络工具，防止稀里糊涂地将自己的时间浪费掉。

很多孩子玩游戏，大多是受到其他同学的影响，根本没有计划性和目的性，是在无意识中上瘾的。事实上，无聊才是最大的敌人，毫无计划、毫无目的地在网络中游荡，才是最危险的事情。

其二，要以身作则，遵守计划。

父母是孩子的榜样。在家庭中，家长如何使用电脑和手机，在很大程度上是给孩子的一个示范。如果父母经常抱着电脑、捧着手机玩游戏，那孩子自然而然也是个游戏迷。大人做不到自律，孩子自然也做不到。这跟读书是一个道理。家里没人读书，孩子自然也不读书。换句话说，要想让孩子有计划有目的地使用电脑网络，那就要从家长自己开始做起。

在跟孩子聊天的时候，经常会听到孩子这样抱怨："我爸不让我玩游戏，其实他整天偷偷玩游戏，以为我不知道，凭什么？做大人真虚伪啊。""就是，大人真不讲理，只许自己玩。"

其实孩子非常关注大人的一举一动。估计很多家长都没注意到这个问题。事实上，孩子非常渴望和大人一样平等，大人做什么，孩子也想做什么，正因为如此，家长就更要在使用网络上面增加透明度，给孩子更多示范。尤其在自己的手机上，不要随便安装一些不利于孩子成长的软件。另外，还要跟孩子讲清楚，自己用手机和电脑是工作，或者是学习，并不是纯粹的娱乐。家长说到一定要做到。当然，还可以和孩子一起商量，制订一个玩电脑和手机的计划。比如一周五次，每次要玩什么，在玩的时候不能超过一小时。这个时间如果商量好，就一定要卡死，不能有丝毫让步。这样孩子就会在这些特定的时间内，想好自己要做什么，有的放矢地利用网络，不至于盲目沉迷其中。

其三，多安装应用型学习软件。

随着科技的发展，各种寓教于乐的应用型软件层出不穷。这些软件不但能开阔孩子的视野，而且让知识更具有应用性，大大激发了孩子的兴趣。像教育类的有"学霸君""淘宝同学"等，这些都能够有针对性地提高孩子的思维能力，并非是洪水猛兽。家长还可以根据孩子的爱好，或者为了培养孩子的兴趣爱好，特意安装一些应用型软件，比如，唱歌的软件有"全民K歌"，配音的有"配音秀"，随手画画的有"涂鸦"。孩子如果喜欢拍生活中各种奇遇，可以安装"美拍""美图秀秀"等，为了培养孩子读书的兴趣，也可以安装"听书"。

这些软件不但有趣，而且好玩，还能够增长孩子见识，发展兴趣爱好，锻炼才干，在学习之余玩玩这些，头脑也会活跃起来，对孩子的成长大有裨益。

其四，客观分析问题，给予善意引导。

当孩子出现了痴迷网络的不良习惯时，家长一定要善意引导。注意！是善意的引导，而不是粗暴的打骂。

阿飞第一次玩游戏之后，被老师发现了，结果告到了父母那里。他的爸爸什么也没说，直接就一巴掌扇了过去。阿飞眼冒金星，到嘴边想说的话也没说出来。他当时想的是，既然打了我，那我就玩个够。这就是大人动手的致命伤害，这个伤害让孩子错误地核算了自己的成本：反正已经被打了，也没必要改。就是要让你生气，才能对得起我挨的打。就这样，大人的阻拦不但没有奏效，反而让孩子愈发无法自拔。

网络是一个广阔的世界，游戏只是其中一个很小的部分，为什么孩子独独关注游戏，而不关注那些有利于身心成长的东西呢？这才是家长需要客观冷静地重新审视和思考的问题。

我想，当孩子迷失在网络当中时，家长需要反思自己到底对网络了解多少，追问自己：到底网络给自己带来了什么？只有自己先弄懂，才能正确引导孩子。

这是个无所不能的网络化时代，也是时代发展的必然，每个孩子都将在这样的时代背景下面临诸多诱惑，经受诸多考验。

信息资源越来越丰富，各种资讯铺天盖地，孩子毫无辨别能力，更缺乏自律能力，如果没有父母的监管和引导，网络很有可能毁灭孩子的自制力和注意力，使孩子整日沉溺在虚幻的网络世界中。

对于家长来说，把握好目标和方向，让孩子善加利用网络工具，不迷失其中，为己所用，这才是最重要的任务。

第七章

给孩子最好的爱，做孩子的贴心人

父母对孩子的爱是世界上最纯洁无私的爱，爱孩子并不是为孩子建一间温室，为孩子承担一切，而是和孩子一同成长，带着孩子经历风雨，经历心路历程中的波折，最终让他蜕变得独立、坚强。

爱孩子，要爱得透明，爱得科学，爱得透彻中带着方向。该放手的时候就要放手，该沉默的时候就要沉默。父母不仅是孩子生命的施予者，更是见证者和灵魂的引导者。我们要相信，只要不放弃孩子成长的任何机会，接纳他，用爱去感化他，就能让孩子健康快乐地成长为一棵大树。

我们要给孩子真正的爱，不强加自己的意愿，不投射内心的不满，做他的贴心人，教会他相信自己，相信生活的美好，无论何时，都能从恐惧和孤独中走向光明。这是每一个家长永恒的期许，也是责任所在。为了这份责任，为人父母的功课，就是好好修炼自己的心灵，把丰厚的滋养给予孩子。

快速制怒八法

每次家长聊到孩子的话题，都会这样说："不知道怎么了，看到孩子不听话，就控制不住自己的怒火。"在家长群里，大家讨论最多的也是这个问题，而且大家的理由都是："孩子不听话，工作又繁重，劳心劳力，怎么能不发火？"

其实，每个家长在将愤怒抛给孩子之后，都会无比后悔，但又往往会给自己找一大堆理由，说服自己大发雷霆是情非得已，按捺不住。冷静想一想，愤怒无处不在，这是事实。然而不管如何愤怒，你都必须控制。怒火不但伤身，而且伤人，对孩子幼小的心灵更是如此。人既然能够生出怒气，也就能够控制住怒火，事在人为，要努力积极地去寻找办法。抱着这样的心态，才有可能从愤怒的情绪状态中走出来。

那么，我们的愤怒到底是从哪里来的呢？

在这个世界上，每个人都不是生活在真空里，都无一例外地会遇到各种困难和麻烦，遭受各种阻碍和误会，在这个时候，强求孩子听话，就成了每个父母的基本诉求。一旦诉求不能获得满足，就会形成心理落差，导致怒火上升，最后大发雷霆。

另外，在我们的内心深处，都背负着情绪的负债，这其中就有愤怒。在成长的过程中，甚至包括幼儿期，我们曾经受到的心理挫折，被大人侮辱、误解等造成的心理创伤，成为一个特定的按钮，一旦被某个特定的情境激发，就会被重新唤醒。也就是说，小时候受到的那些被大人责骂的痛苦，并没有随着岁月的流逝而消失，而是像小草一样生了根。

当我们看到孩子不写作业，只顾着玩时，自己小时候被父母管教的记忆就会被唤醒。当年父母怒气冲冲的样子，激发了我们的思维，成为我们下意识的一种反应。我们来不及思考这种做法是否正确，只会沿用这种方式来对待自己的孩子。

当孩子斗嘴赌气，不想吃饭的时候，我们的脑海中会浮现出当年父母大发雷霆的模样，我们会不假思索地根据这个模式，对自己的孩子怒目相向。

或许很多家长已经发现，我们的家庭教育很多时候并不是我们自己的家教，而是因循了上一代父母的心理模式，不管你愿不愿意，或是当年如何叛逆，但在潜意识里，你都不假思索地沿用着和上一辈父母们几乎一模一样的家教手段。他们的愤怒和他们在狂怒之下对待孩子的教育方式，无一例外地成了我们现在对待孩子的方式。

弄清了愤怒的源头，现在，我们来看看如何控制怒火，这里介绍八种方法，供大家参考使用。

第一种方法：深呼吸法。

当想要发火的时候，尽量深呼吸，闭上眼睛，开始默数自己的呼吸，并慢慢感受自己的呼吸，把注意力集中到自己的呼吸上面：从腹部到鼻子，再到鼻尖，身体逐渐放松下来。

第二种方法：想象法。

闭上眼睛，想象自己很温柔地走过去，对孩子说："你要是能改变一下，我会非常高兴的。"想象孩子很乐意接受这个建议，并马上做出了回应，然后自己也很有信心地对孩子说："你只要愿意改变，想要的都可以实现。"想象两个人都笑了。

第三种方法：橡皮筋法。

在小指或者中指上带一个自己喜欢的橡皮筋。心情不好或者容易发火的时候，轻轻地弹一下这个橡皮筋，在静静地观察自己弹橡皮筋的同时，尽快恢复常态，让心情平静下来。反复多次就能够养成习惯，有效地控制自己的怒火。

第四种方法：追问多思法。

当我们感到愤怒的时候，马上要问自己几个问题：我发火想要干吗？发火能解决问题吗？我的怒火从哪儿来？这愤怒的情绪和自己记忆中的哪一件事情有关系？愤怒能给我带来什么？真的是孩子惹我发火吗？我不发火会怎么样？通过不停地追问自己，注意力会分散，愤怒的能量就会被打散，慢慢地冷静下来。

第五种方法：动作转移法。

出现愤怒的时候，要赶紧去做一件事情，转移注意力，比如洗衣服、洗手、跳舞、做操，或者放声歌唱、哼小曲等。当然，如果做不到，可以出门去缓一缓。

第六种方法：冥想法。

坐下来，聆听一段轻缓的音乐。闭上眼睛，想象自己到了一片幽深的森林里，到处有潺潺的溪水、郁郁葱葱的树林，水里的鱼儿在自由自在地游动。10分钟之后就能够冷静下来。

第七种方法：自我催眠法。

坐下来，或者蹲下来。对自己说："没关系，我现在心情很好，我会给孩子一个微笑。我一定可以做到。"在内心里不断地给自己暗示，不断地说这样的话，10分钟之后就能够冷静下来。

第八种方法：明示法。

当自己想要发火的时候，告诉孩子："对不起，我现在真的很愤怒。我想，我们能不能一起抓住愤怒的魔鬼。这愤怒不是你的问题。可能跟我的情绪有关。我们一起去听音乐或者跳舞好吗？"

这八种方法可以交替使用，家长还可以任选一种，平时多练习，并且一定要坚持下去，通过这八种方法的自我控制，能够学会倾听自己的内心，对自己也会多一重了解。只要坚持训练21天，基本就可以养成快速制怒的习惯。

树立良好心态

在生活中，每个人承担的压力都很大，负面情绪是人人都会有的，但是如果不加管理，任由负能量随意发泄，那么，将会制造出消极的气场，令人生厌。

一个不幸福的家庭，父母双方一定会经常互相抱怨，互相推诿，互相指责，面对问题不能勇敢担当；那么这个孩子也会习惯逃避问题，怨天尤人。换言之，孩子如果经常哭闹不休，一定是家庭的负面情绪太多，父母双方的关系紧张、尖锐，冲突不断；如果父母之间经常互相攻击，揭底，那么孩子也会在人际交往中陷入互相诋毁的旋涡。

这些隐形的问题，游丝一般，正是家庭教育的隐形杀手，侵蚀着亲子关系，侵蚀着家庭的幸福，侵蚀着孩子的心灵，日积月累，横亘在父母和孩子之间，阻隔了心与心的交流。

该如何改变自己的负面能量，改变自己周围的气场呢？

其实，最根本的就是从心态上进行调整和改变。拥有良好心态的家长，思路是开阔的，相信一切都会越来越好；看待自己和孩子，也会从积极的一面出发，多看优点，包容缺点，不增加自己的心理负担，拥有这样心态的人，做事大多豁达大度，对人开朗大方。如果家长没有良好的心态，就会觉得事事不顺心，危机重重，从而影响到说话和做事。

同样是面对成绩不好的孩子，不同心态的家长就会有不同的教育方法。心态好的家长会想："这个孩子成绩不好，只代表现在，并不代表未来，孩子还小，还有机会有时间磨合，慢慢来，要相信孩子，给他足够的耐心，他一定可以找到适合自己的路。"正是因为有这样的心态，家长会耐心鼓励，一点一滴发现孩子的优点，培养起孩子的自信心，让孩子知道他并不比别人差，未来就在前方。心态差的家长就会想："这个孩子彻底完了，这么简单的问题都弄不明白，还有什么机会呢？老天偏偏让我生了个这么笨的孩子，不要再指望他了，反正也没有什么希望。"于是，就会越想越愤怒，越想越不甘心，总是往坏的方面想，想自己的孩子比不过别人，比不过同事的孩子，比不过邻居的孩子，甚至当年远不如自己的同学家孩子，也比自己家的孩子强。这样一来，陷入了恶性循环，心态越来越坏，心情也越来越糟糕，长久下来就会变成愤怒，堆积在自己的身体里，直到忍受不了，将所有的愤怒都发泄到孩子的身上，对孩子越看越不顺眼。

这两种不同心态的家教模式，培养出来的孩子也是截然不同的。家长心态好，孩子就会积极乐观；家长心态差，孩子就会自暴自弃。这些年接手很多个案，遇到很多情绪消极、悲观的妈妈，她们遇到问题总会想：为什么别人都比我好呢？为什么我过得这么差呢？于是越想越痛苦，看别人也越来越比自己幸福，越来越聪明，到最后竟然认为自己比谁都笨，比谁过得都惨。

在这种悲戚戚的心态影响下，做事不顺不说，连做人都谨小慎微，胆小怕事，这样的人走出去，谁会喜欢呢？没有自信，没有能量，有几个人愿意和这样的人打交道？

那么，我们应该如何调整心态呢？

首先，改攀比心为上进心。

在孩子的教育问题上，很多妈妈们总是贯彻这个原则：自己的孩子一定不能比别人家的差。她将孩子从小的成绩看得非常重要，每次一到孩子考试，自己心里就紧张，生怕孩子考差了自己脸上无光。因为这样的心态，妈妈们将考试成绩当成了判断孩子好坏的唯一标准：有了好成绩什么都好说，没有好成绩，一切都别想谈。这种以成绩之名来爱孩子的家教模式，不知道给多少孩子带来了心灵的伤痛——失落、悔恨、痛苦、纠结，孩子深受其扰，有的厌学、逃学、放纵自己，甚至自甘堕落。

有家长就会问了，要孩子考好一点有什么错？我想说，要孩子考个好成绩没有错，但这种成绩并非建立在和他人攀比上面，而是建立在上进心的基础之上。有了上进心，孩子才会自发地投入其中，积极地努力。作为家长，能够帮助孩子的，就是让他不要跟别人比，而是要跟自己的过去比，超越自己，发现自己点点滴滴的进步——哪怕是很小的，也要给予肯定。这种细小的进步积累起来，就会让孩子理解"一分耕耘，一分收获"的真实内涵，比讲一千一万个道理都来得有效。

其次，改变限制性思维。

为什么我们总会被一些坏的心态所左右？为什么我们总被负面的气场所影响？这些不良心态从哪里来？仔细想想，其实都来自我们的限制性思维，而这些限制性思维又从哪里来？是从社会的舆论中来。比如，社会舆论认为，女孩不如男孩聪明，女孩通常数学不好，结果很多家长就对女孩不抱什么希望，时至今日，仍然有很多家庭限制女孩考大学、读高学历，但事实证明，女孩不是照样可以在科研部门搞科研吗？不是照样有很多高考理科状元吗？

再比如，社会舆论认为，考不上大学就没有好工作。这个限制性思维让很多家长围着高考转，为了孩子的成绩含辛茹苦，忍辱负重，只为了让孩子可以谋一份好工作。但很多情况是当孩子上了大学之后，才发现自己并不喜欢当年选的专业，工作上班之后，发现这个岗位并不是自己喜欢的，更不适合自己。

限制性思维会让我们迷失方向，看不清自己的真实想法，忽略了自己的真实需求，被外在的模式所绑架，距离梦想的人生越来越远。当一个人没有了梦和远方，只剩下烦琐的现实，这样的苟且，只会让心态变得越来越坏，考虑问题也会偏执。

从这个意义上说，家长树立良好的心态，就是回到自己的真实需求当中，仔细审视社会中的一些限制性思维，警醒自己是否被这些思维限制，突破这些无形的枷锁，超越虚弱的自己。

成功的家庭教育的本质，就是给孩子构建一个高能量的磁场。这个磁场可以影响孩子，促进孩子积极成长，而这个能量场最大程度上得益于良好心态的塑造。当家长拥有了良好的心态时，就会心平气和地面对孩子，接纳孩子，孩子也就拥有了一个客观看待自己的良好空间，亲子之间的良性互动也就这样开启了。

就事论事，不贴标签

莉莉是我课程中的学员，也是一个经常不开心的孩子。她对我很信任。每次不开心的时候，就会找我聊天，诉说自己的委屈和烦恼。她反反复复总要提到的一件事情，就是她的妈妈给她"扣恶名"。

比如，头发没有梳好，妈妈会这样说："这么大了，连梳头都不会，懒死了。"

比如，房间来不及收拾，妈妈会这样说："我要是死了，以后谁管你？让我操心死了，这个懒猪。"

比如，作业没有写完，妈妈会这样说："整天辛苦给你吃给你喝，你这样对得起我吗？"

比如，成绩没有考好，妈妈会这样说："一点儿都不用心读书，简直是要气死我呀。"

……

像莉莉这样的情况，在我的学员里边有很多。每一个孩子在给我的悄悄话里都写到了这样那样的委屈。那么，父母们为什么总是喜欢这样给孩子乱下定论，乱贴标签呢？主要有两个方面的原因，我们来具体分析一下。

首先是苛求完美的思维定式。

在我们的心灵深处，有一个基于完美的诉求——希望孩子聪明、勤快、好学、爱钻研、孝顺，能够独立生活。然而，这样的孩子，哪里还是个孩子，分明是一个十全十美的大人。要求孩子完美固然没错，问题是，一旦苛求完美，就会陷入极端，走入误区。

苛求完美的父母，不容许孩子出错。他们会拿自己的孩子和别人的孩子比较，比来比去，就比出了狭隘之心，比出了抱怨、指责、愤怒，以至各种负面情绪都跑出来，在毫无觉知的情况下，负能量爆棚，不但伤害了自己，更伤害了孩子幼小的心灵。

其次是情绪化的心理状态。

在生活中，如果一个妈妈缺乏觉知，就容易被外在的环境所影响，当孩子出现一些反差行为，或者出现差错的时候，比如考试成绩不尽如人意，有玩手机、玩电脑等习惯，她往往会缺乏耐心，怒火上身。

家长愤怒的时候不能客观面对事情本身，更多的是为了发泄愤怒。这时候，愤怒就像是一颗炸弹，他们只想赶快扔掉它。于是，弱小的孩子成了第一个无辜的受害者。实际上，家长是在怒火下斥责孩子，啰唆孩子，并武断地给孩子贴标签、下定义的，在这个过程中，家长根本就没有去想后果，事实上这些定义和标签对孩子来说，具有非常大的暗示作用。

当你说孩子太笨时，孩子的大脑就会接收这样的信息，在潜意识当中将其隐藏起来，经过长期反复的刺激，形成一个固定的意识回路，建构一种专属的思维模式，孩子的所作所为也将会在这个思维模式的引导下变得越来越"笨"。

实际上，像这样情绪化的贴标签和下定义，看似没有动手打骂那么严重，但给孩子的内心带来了很大的伤害：一方面，孩子会因为父母的武断评价，变得畏首畏尾，甚至不知所措，做事或者学习会变得犹豫不决，顾虑过多；另一方面，孩子也会为此产生叛逆心理，过分抵制和反感父母的指手画脚，造成亲子关系的尖锐对立。

生活中，我们都可能会因为一时冲动而给孩子贴上标签，扣上"污名"，这个时候，不能够掉以轻心，更不能无视自己的错误。

心理学中有一个"破窗原理"，说的是有人打坏了一幢建筑物的窗户玻璃，而这扇窗户没有得到及时的维修，后来其他的窗户也很快被打烂了。其他的窗户为什么会烂？因为这些破窗户给人造成一种无序的感觉，人们无形中在这种示范性的纵容下，打烂了更多的窗户。久而久之，犯罪就滋生并且猖獗起来。

根据这个理论，我们给孩子武断地贴标签，就好比打烂了一扇思维的破窗，如果不及时修正的话，也将会打烂更多——越来越多的负面情绪都会滋生出来并逐渐猖獗。这是最可怕的地方。

如果我们一而再，再而三地情绪化，就容易养成惯性思维，遇到不顺心就会拿孩子说事，陷入非理性的旋涡，也就无法冷静客观地看待事件本身，起不到教育孩子和鼓励孩子的作用，有百害而无一利。

那么，如何从贴标签的"破窗"中走出来呢？

首先，要在当下有觉知，尽快走出情绪。

当孩子出现一些反差行为的时候，很多家长常常在一时间情绪大爆发——愤怒、焦虑、烦躁、哀怨、伤心等诸多负面能量被激发出来，产生了很多的联想，于是各种恶言恶语就出来了。

这时候如果能深呼吸，觉察当下，尽快制怒，就可以做到就事论事，把事情简单明了地表达出来。

比如孩子不爱叠被子这件事，平时我们心情好的时候，有可能会忽略无视，但是，一旦情绪处在焦躁状态，就容易陷入非理性之中，对孩子劈头盖脸地发泄一顿。这个时候，最重要的是要能够觉察自己在做什么——到底是发泄情绪，还是给孩子提出想法和建议？

弄清了自己的诉求之后，就可以尽快走出情绪，仔细梳理思路，与孩子就事论事。

　　我们针对一件事给孩子提出想法和建议，包括三个方面：其一是要告诉孩子应该怎么做；其二是要告诉孩子不这样做的危害，并客观陈述后果，不放大，也不缩小；其三是要孩子自己做出选择，并告知他要承担自己选择的后果。像叠被子这件事，好处是什么？坏处是什么？都要讲到位，让孩子清楚明白地意识到这是一件好处大过坏处的事情，但也并非非做不可。做了有可能培养自己的一个好习惯，不做也不代表自己就非常差劲。接下来，我们就需要促成孩子心甘情愿去完成这件事。注意，一定要让孩子心甘情愿。

　　其次，关注孩子的感受，让孩子独立选择。

　　孩子虽然没有长大，但他是一个独立的个体，和我们大人一样，也有选择权，而且，当孩子被赋予了选择权的时候，他会非常乐于参与其中，并做出自己的正面选择。

　　在生活中常常会遇到这样的孩子，在他被大人鼓励之后，做事情会更带劲，更加愿意约束自己。这其实就是因为让孩子有了选择"积极面对"的权利。

　　而当我们看到孩子的反差行为时，第一反应就是想要进行干涉和教导，其实我们弄反了一个次序。我们通常是先干涉，结果孩子不开心，我们也不开心。这个步骤有个误区，就是我们无视了孩子的感受和想法，武断地剥夺了孩子的独立性，将自己的意愿强加给了孩子。如果我们换一个次序，先问问孩子是什么感受，再根据孩子的感受来进行疏导，效果就会不一样。

　　比如，孩子不想叠被子这件事，家长如果想让孩子养成叠被子的习惯，就要先问问他不去做的原因。有家长会说："很简单，孩子就是懒，所以不想做，这还用问？"其实不然。

　　事实上，孩子不做这件事有多种原因，如不会做，没法坚持，容易忘记，觉得没有必要，等等。弄清之后就可以对症下药，进行疏导，帮助孩子找出解决办法。

　　在生活中，如果我们没有和自己的心理需求点挂起钩来，那么很多事情看起来很好，但是我们仍然会拒绝而不去做。孩子也是一样。这个时候，我们就需要想办法调动孩子的积极性，加强正面的大脑刺激，多说一些鼓励的话，多引导孩子认识到做这件事的重要性。

有个智慧的妈妈告诉我，每次孩子不写作业她不但不会发火，相反会先对孩子表示同情，确认写作业不容易，需要花费心力和脑力去完成，接下来，她会告诉孩子一些解决方法，及时帮助孩子解决问题，这种设身处地的鼓励，让孩子的畏难情绪疏散了，取而代之的是理解和支持，孩子自然会积极主动地完成作业。

很多时候，家长需要的是冷静，在没有情绪干扰的情况下，就事论事，对事不对人，这样就能走出一味将孩子"污名化"的思维旋涡，达到教育孩子的目的。

给孩子积极的正面暗示

在一间狭小的教室里，老师让每个孩子都摊开双手，老师像个具有神奇预卜能力的巫师那样，盯着孩子的手掌心，认真地看着。她抬起头，欣喜地告诉每个孩子，将来他会成为多么了不起的人物。

每个孩子都无比坚信地看着她，眼神里充满了惊喜。

这时候，只剩下那个家境贫寒、经常遭受侮辱和打击的黑人男孩了。他低头迟疑着，不敢走到老师的跟前。

老师走过去，扶起他的手，摊开来，脸上充满了惊喜的表情："孩子，你看，你的手掌掌纹多特殊啊。你真让我惊喜。"自卑的黑人男孩还是没有抬头正视老师。

老师认真地看着他："看着我，孩子。"男孩抬起头。

老师说："孩子，你长大了是一个州长。"说着，又拿着他的手看了看，并确认道，"没错，你还是一个非常大、非常了不起的州长。"

男孩激动得快要流出眼泪了。很明显，他的腰杆挺直了起来。后来老师发现，这个自卑到极点的黑人男孩，每天都会很早到学校，成绩不但突飞猛进，就连行为举止也变了——他开始敢于直面每个人的目光了，敢大声说话表达自己的想法了。

若干年后，这个男孩虽然没有做州长，但做了比州长更了不起的总统。他，就是美国历史上连任两届总统的奥巴马。

这是一个被朋友圈反复刷屏的感人故事，它的真实性有待考证，但美国总统奥巴马的小学老师曾经这样确认：在一次以"我的理想"为题的作文中，他写下："我长大了，要做总统"。像奥巴马这样自卑、内向的孩子，生活中比比皆是。姑且不论他是否真的遇到过这样一位具有高超教育能力的老师，但他的确是在很小的时候就找到了自己的人生方向。就如周恩来总理在中学时代写下的"为中华之崛起而读书"一样，人生的航向是把握在自己的手中的，而且是从幼年时期就已经掌控在自己的手里的。

接下来，我们该问这样的问题了：奥巴马为什么可以做总统？为什么别的孩子不能？

排除智力和学识这些因素不谈，我们会发现，一个人的成功最大程度上来源于他从小对自己的定位。这个定位，是他对自己的发现——他发现了自己的使命，并以此使命来进行自我塑造，不断成长和改变，克服无知和懒惰，最终成功完成这一次人生的塑造之旅。

显然，每个人都在有意无意地定位着自己，这个定位影响了一个人的未来走向。对于孩子来说，这种定位大多受到周围环境的影响，尤其是父母的暗示。

我在接收一批新学员之后，都会仔细观察他们的心理状态，同时也观察家长的表现，从中我发现了一个有趣的现象：那些成绩良好、心理状态稳定的孩子，他们的父母在和我沟通交流的时候，也从来不说自己的孩子一无是处，而是客观公正地评价，不一味地贬低，也不一味地苛求。与之相反的是，那些成绩较差、行为也有反差的孩子，他们的家长在我面前，几乎每次都是抱怨、怨言不断、牢骚不断，一句话，就是恨铁不成钢。

我们常常感叹孩子之间的巨大差异都是智力因素所致，其实，并非如此。近些年科学研究证实，情商在孩子的成功因素中比例占到了80%。那么，到底是什么影响了孩子的情商呢？实际上，是心理发展中的情感意志起到了决定性的作用。孩子如果没有参与学习的兴趣，就会将学习当作枯燥乏味的苦差事，敷衍了事；孩子如果没有意志地参与，就会让学习陷入虎头蛇尾的境地。那么，在情感和意志的共同参与中，孩子又受到哪个心理动机的驱使呢？在这里，我要给大家讲一个很有趣的心理学实验。

心理学家找来两组学生，分别编在不同的班级，其中A班的学生被老师告知，他们是选拔上来的优等生，智商很高，将来会有很高的成就；而对B班的学生则什么也没有说。事实上，A班的学生是差等生，而B班的学生是成绩好的学生。经过一段时间的学习之后，这些孩子居然真的有了很大的差别。A班的成绩高出了B班很多。

这个实验说明了什么？显而易见，正面的心理暗示才是引发孩子认识自己、塑造自己的最根本的因素。

对于一个孩子来说，他并不知道自己是谁，自己到底能做什么，这个问题大多由父母和老师来回答。我们在生活中也常常用这样那样的评价，企图给一个孩子定位。让孩子这样做那样做，我们认为他如果照着做下去，他就能够变成我们想要的样子。但是在这个过程中，我们常常走歪路。正面的心理暗示被负面的消极暗示替代，积极的鼓励和引导被愤怒和辱骂所代替，孩子由此陷入了迷茫。他并不知道自己到底是好还是坏，更不知道自己该如何定位。

如果我们能够一直正面积极地引导孩子，告诉他本来就很聪明，指引他一个光明的方向，那么，这个孩子将会像那个自卑的黑人小孩一样，发现自己的天赋使命所在，并不遗余力，以此为定位，找到自己努力的方向，并为之奋斗不已。

在给孩子上潜能开发的课程当中，我常常让他们亲手画出家族的谱系，用一个一个的圆圈代替，通过重重叠叠的支脉，让孩子们感受到自己的重要性——不仅链接着家族中的无数个生命，也担负着无数个生命的传承。

给孩子建立这种生命的重要感，将是家教中父母最迫切的任务，没有之一。

在我的女儿1岁多的时候，我常常给她讲故事，故事里的主人公就是她自己，这样下来，她就认识了自己。不仅是认识自己，也以此让她发现了自己的使命所在。

我跟她讲，在她还藏在我肚子里的时候，聪明王国的公主就已经知道了她。所以在她出生的那一刻，就已经送给了她一顶隐形的聪明帽子，只要她每天快快乐乐，那顶聪明的帽子就会来帮助她。类似这样的故事，非常多，每天她的生活都是在故事中开始的。她做什么，我都会用一个生动的故事来进行正面的讲述，让她认识到故事中的那个小姑娘多么可爱，多么爱动脑筋，而且多么喜欢想办法，她总是能找到让自己快乐的方法。

就这样，在故事的引导下，女儿的心中种下了一颗自信的种子。在我对一些学员培训的时候，她也充满了兴趣，不管什么时候都能积极参与，做事也很主动。

不光是对女儿这样，在学员培训中，我大多也是采用这种故事引入的方式，给孩子们积极的正面暗示，让他们相信自己有朝一日就是那个了不起的人物，并且天生具有天赋的使命和能力，经过努力，一定能够让那个有天赋的自己走到世人的面前。在持续的积极影响下，有的孩子成绩从倒数几名，一跃成为前几名。这样的情况并不是奇迹。因为我始终认为，这是孩子的天赋所在。

对家长来说，管理和教导孩子的目的，并不是让孩子知道做父母的有多厉害，也不是让孩子做父母想要成为的那个人，而是让孩子发现自己是谁，知道自己的使命所在，知道如何发挥自己的价值、实现自己的价值。基于这个远大的目标，家长就要时时处处给予孩子正向的鼓励和暗示。

在生活中，有些家长会认为，经常夸赞孩子，容易养成孩子飞扬跋扈、不听管教的性格，其实这个想法的误区在于，误将夸赞当作了纵容。孩子的飞扬跋扈、不听管教，是因为父母的纵容。如果能够正面暗示，告诉孩子"你的聪明无须夸赞，你本来就是"，那么孩子就会认识到，聪明是天生的，就像会走路一样，没人会夸赞你会走路。这样一来，孩子就会认识到，自己是一个天赋异禀的人，不管遇到什么事情都可以找到解决的办法，因而也就会将心思放在如何解决问题上面，久而久之，就会养成习惯，让自己的聪明才智都发挥出来。

对于家长而言，我们只需要不停地正面暗示，告诉孩子：你本来就是成功的！你需要不断去尝试！去体会和发现有趣好玩的事情。不要怕，要勇敢向前！

纵观我们自己的人生历程，你会发现，这些正面的暗示才是孩子最需要的，也恰恰是我们做家长最欠缺的。那么，从现在开始，从对孩子的第一个暗示开始，告诉他：你本来就是成功的！

我相信，你会从内心深处，深深地感恩和孩子的相遇，感恩孩子的每一步成长，你和孩子的关系也将会得到很大的改善和突破！

勇于向孩子认错

君君一个星期都不好好吃饭，因为她心里有一个结。早在一个星期前，被爸爸在大庭广众之下打了一个耳光，这件事成了她心中的巨大耻辱。

我后来也和君君的爸爸沟通过，他也非常后悔自己当初的粗暴，但是碍于家长的面子，一直保持着威严，不肯低头认错。

从那天开始，君君不愿意再和爸爸说一句话。她在后来的学习和生活中，情绪也较为低落，上课的时候精神恍惚，不知道在想什么，她说自己很害怕，害怕再次遭到伤害。

像君君这样遭受父母暴力，而父母也心存悔恨的现象，在家庭教育中并不少见。很多家长认为，有时候忍无可忍，动手打了孩子，是无奈之举，也是正常至极的。为何会有这样的想法呢？很显然，大家都在有意无意地奉行一个原则，孩子的生命是自己给予的，自己含辛茹苦养大了孩子，孩子理所当然是属于自己的。换言之，孩子是属于自己的，自己有权处理孩子，包括动手打、动嘴骂。在这种父母的眼中，孩子就是自己的私有财产。

当然，随着家庭教育观念的日益更新，很多家长已经意识到了孩子是独立的个体，拥有独立的生命权，遗憾的是，私有财产的残余思想，依然在生活中横行。

网络上对狭隘、偏执的思维叫作"一元思维"，其实这种将孩子当作私有财产思想的父母，就是一种非黑即白的一元思维。

有次，一个妈妈向我哭诉，说让孩子当着她的面大声读书，孩子就是不肯，她就又急又怒，再加上平时工作压力大，比较烦躁，当时就忍不住怒火，劈头盖脸打了孩子。她哭诉的内容大多是自己的情绪，说自己带孩子不容易，结果孩子却不听话，等等。我问了一句话："你问过孩子不愿意大声读的原因吗？"她摇头。我又问："你为什么要打孩子？因为他是你的吗？你觉得自己有错吗？"

这位妈妈意识到，自己犯了一个错误。这个错误本身不是打了孩子，而是将孩子当作了自己的私有财产。就像对待盘子和碟子一样，生气了可以摔，可以扔。

这位妈妈说自己也很后悔，但并没有向孩子表达歉意，在她看来，孩子不听话，总归是需要管教的。再说，孩子挨打时会哭，挨打之后很快就好了，反正也不记仇。

仔细分析一下，这种所谓的管教思想，其实并没有尊重孩子的意思在里边，相反还有一种居高临下的一元思维在作祟。

孩子不管做错什么，采用粗暴的打骂方式本身就是有问题的，因为这样做势必会带来连锁反应，孩子一定会受到影响。后果无非有两种——要么在恐惧中屈服，要么在愤怒中叛逆。不管是哪一种情形，最终都会让孩子学会这种粗暴的方式，在未来的生活中继续延续这种模式，甚至影响终身。

当然，在每个家长头脑中都可能存在一元思维，很多时候，这是社会集体意识背景下被影响的结果。但我们早一日觉察自己，发现自己的一元思维，时刻警醒自己，反思自己，做出超越和改变，我们也就可以早一日走出偏执、狭隘的思维模式，早一日让孩子得益。

要做到改变，最根本的一点，就是要树立向孩子道歉认错的思想。人无完人，不是说大人就不犯错，也不是说，孩子就一定会是错的。台湾著名作家龙应台曾经在作品里写过："每个孩子都是上天派来的天使。孩子的内心清澈纯净，这是每个大人都值得珍惜和呵护的稀缺珍宝。"

当我们粗暴地对待孩子之后，就要向孩子低头道歉，表示自己对这种粗暴行为的反思。一方面，尽可能安抚和弥补给孩子带来的心灵伤害；另一方面，通过身体力行，让孩子真实地看到有错就改的一个范例，同时，也能让孩子意识到自己的存在，并为之释然——连大人都会向我道歉，那么，我并不是一个很差的人，不全都是我的错。

我们要确认：不管这份道歉是及时的还是迟来的，一定要有这样一个仪式。这是对孩子最真诚的表达，也是对孩子最大的尊重。

因为，这个道歉将给孩子带来深远的影响——未来的生活中，他会变成一个有错就改、勇于发现自己错误的人。

当你真的给孩子带来了伤害时，请蹲下身子，望着孩子的眼睛，真诚地说："我不该动手打你，不该骂你。是我错了，对不起。"然后，请你静静地等待，给他一段时间，等待孩子的原谅，让孩子体会你对他最真诚的爱。

作为父母，通过一个真诚的道歉，最终会教会孩子宽恕和接纳，学会放下和释然。

善解孩子的畏难情绪

当孩子有了学习的动力和愿望时，就会积极投入其中，向着自己的方向出发。但是正如电影中的英雄那样，出发之后，必定要遇到很大的困境和挫折，经受很大的考验。

对孩子来说，他们的困境来自学校和家庭两个方面。在我们看来，孩子的生活单纯琐碎，好像没有什么人生挫折，但是正因为这些小小的不顺意，却像一颗钻进鞋子的石子，严重影响了孩子走路，对孩子的成长产生了深远的影响。

有个家长曾经跟我讲，说她小时候很喜欢舞蹈，可是小学三年级的时候，有一次老师在挑选演出队员的时候，看了看她，直接就把她刷掉了。她不服气老师的挑选，就跑过去跟老师再次申请，那个老师很不屑地摇头说："像你这个样子，就是跳得好又能怎么样？"因为她长得很一般，个头也不是太高，容貌也不漂亮。

老师的这一番话，给了她很大的打击。在很长的一段时间里她都非常消沉。后来经过苦练基本功，再加上天资聪颖，她最终做了舞蹈编导，培养了很多舞蹈演员。她说，非常感激一个人，那就是她的妈妈，妈妈始终认为她是跳舞的材料，从来没有放弃，在经济条件困难的情况下，毅然花费大量的物力和精力，带她出去学习舞蹈，最终让她发现了自己的优势所在，实现了自己的舞蹈之梦。

对孩子来说，人生面临的不确定，几乎会压垮他对美好未来的向往。这种不确定常常猝不及防，让他无能为力。值得一提的是，很多孩子并没有清醒认识自己的能力，常常在打击和失败中出现畏难情绪，并由此定性自己的一生，给自己贴上失败者的标签，有的甚至一生都没能走出这种沉重的阴影。

对孩子来说，面对挫败的现实，出现畏难情绪是非常正常的，趋利避害是人性的弱点。然而在现实生活中，我们做家长的，却往往站在人生的制高点上，强烈排斥孩子的畏难情绪，对孩子的畏难情绪进行指责和批判，让孩子无地自容，自惭形秽。

比如，一个孩子在学校里没有写完作业，被老师拉到讲台上极尽羞辱，让他毫无尊严。这个时候，如果父母回到家还要破口大骂，一味指责，继续惩罚和羞辱孩子，那么可以想见，这个孩子内心里会有多么恐惧，多么缺乏安全感。可想而知，在未来的生活中，他对人一定会充满戒备心理。

家长肯定会说，他作业没写完，犯了错，当然要受到惩罚，难道回到家还要笑脸相迎？如果这样的话，还会认识到自己所犯的错误吗？

其实家长的用意，就是要让孩子认识到自己的错误。可是我想说的是，这种冷漠的惩罚只会让孩子学会冷漠。在武侠小说里，我们常常看到一些冷血的高级杀手，他们的武功和各项技能不可谓不强，拿现在的话来说，叫作才华和才能兼备，但是他们唯独缺少一颗温暖的心。这颗心如果没了，那么活着就如行尸走肉一般。

我相信，我们想要的孩子，绝不是这样的。

孩子遭遇老师的羞辱和惩罚，这首先表明他面临了一个困境，这个困境在我们看来不管多大，在孩子小小的心灵中，都是一个惊涛骇浪。不管我们怎么想，这对孩子来说，都是一个"困难"。他的困难在哪里？在于他知道自己错了，但是老师不相信，老师需要通过羞辱他，让他记住，不让他以后再错了。在这个过程中，孩子发现自己被排斥在外了。他被群体嫌弃了——因为老师的嫌弃，有可能让所有的孩子都嫌弃他。那么，他就相当于被这个群体遗弃了。这个才是孩子最怕、最恐惧的事情。他必须解开这个心结才行，这个心结就是孩子面临的最大困难。

试想一下，孩子抱着这么大的一个心结，回到家里来，还要遭受大人的狂风暴雨，他的心结是不是越来越大？他是不是越来越感到人心的冰冷？这个时候，他可能有两种选择：一是学会虚伪地低头认错，获得大人的认同；

二是以牙还牙，用冷漠来对抗冷漠。显然，这两种都不是我们想要的，更不是我们所期待的。

那么，我们想要的是什么呢？这个其实是我们作为家长最应该梳理的。你到底最想要什么？其实我们想要的很简单，就是让孩子在挫败面前，既能够认识到自己的错，还能够乐观面对这种内心的困难，超越这个困难，克服这种莫名的恐惧。

我小时候非常调皮，天不怕地不怕，但是只有一件事我最怕，那就是没有小朋友和我玩了。当小朋友说"我很讨厌你"时，我就会放声大哭，哭得不能自已。长大了仔细想想，这是一个孩子的本能反应，也是人的本能所在。我们都有趋同性，都希望在一个群体中获得认同，并以此得到理解和支持，一旦被群体嫌弃，就会产生畏难情绪，最终自暴自弃，破罐子破摔。

那么，在这个时候，作为家长，我们到底该如何做呢？

这里要有两个环节。第一个环节，就是同理孩子的内在情绪，知道孩子最需要什么。当我们能够站在一个孩子的立场上看待问题时，我们就能知道他在害怕什么了。

我曾经和小学员们在群里讨论过，问他们最害怕什么，大家都觉得被小伙伴嫌弃，是一件最可怕的事情。从孩子的立场出发，我们也就能够理解孩子的心理诉求，弄懂了他的诉求，也就能够理解孩子的畏难情绪。这个时候，我们就能够蹲下来，和孩子平等对视，拥抱他，告诉他："别怕！你是好的！你的本质并没有改变！你只是没有满足别人的愿望，但那并不代表你这个人不好！"

我们做这个环节的工作，其实就是安抚孩子的情绪，让孩子的恐惧逐步消散，直到被乐观所替代。事实上，这个情绪的安抚非常重要。如果没有这个环节，孩子是没办法继续听下去的。当孩子的情绪被安抚之后，我们就可以进入第二个环节，一步步教给孩子乐观面对——客观认识错误，寻找改进办法，带领孩子超越恐惧。

有人说，陪伴是最长情的告白。但事实上，作为父母，如果对孩子没有心理上的同理和共情，没有在孩子面临心理困境时给予鼓励和支持，那么这种陪伴充其量也只是凑数而已。

我的学员中有个孩子，有次被班里的同学笑话，说他是个网络白痴，什么都不会玩。当时，所有的小伙伴都哈哈大笑。对于这个敏感的孩子来说，这个场景简直就是深深的侮辱和打击。为此，他不惜逃学进网吧，天天玩穿越火线等游戏，最后网络成瘾，父母打骂捆绑，都无法让他改变。为什么他要这么做？他的目的很简单，就是想要向小伙伴们证明，他在网络游戏中是大boss，他很牛。

试想一下，如果父母在一开始给孩子澄清这样一个误区，让他走出这个心理的困境，告诉他如何超越，如何正确面对，可能他就会正确地使用电脑，理性地玩游戏，就不至于深陷其中、不可自拔了。

在我女儿上幼儿园的时候，她有天问我："妈妈，老师是不是喜欢长头发的小朋友？"我很好奇，问："为什么？"女儿说："老师总是给长头发的小朋友梳头。"我仔细想了想，女儿说这句话的时候，其实是有想法的，因为她不是长发，那也就是说，她有一种不被认同的失落感，她陷入了内心的困境，有了畏难情绪。于是我问她："你想要长头发吗？"短发的女儿说："我想让老师给我梳小辫子。"我非常支持她，鼓励她多吃青菜，好好吃饭，头发很快就可以长长了。为此，女儿非常乐意接受我的方案，最终享受到了让老师梳小辫的幸福。

女儿只不过是个2岁的孩子而已，她却迫切盼望得到老师的宠爱，和小伙伴们一样，享受被梳头的幸福，这种小小的心理期待如果不能得到家长的关注，可能就会变为深深的失落，最终成了一个心理困境，让孩子困在负面情绪里边。

我们做家长的，有时候不仅是孩子生命的养育者，更是心理的疏导者和灵魂的塑造者。我们要关注孩子点点滴滴的情绪波动，从中找到蛛丝马迹，在孩子面临心灵困境的时候及时出手，善解孩子的畏难情绪，让孩子在感受到温暖的同时，学会乐观面对，超越内心的恐惧。我相信，经过这样日积月累的鼓励，不仅亲子关系会非常和谐，孩子的人格也会得到提升，逐渐形成一个强大的内心，而这正是我们对孩子一生的期许和责任所在。

冷静处理孩子制造的"麻烦"

在我的一次儿童心理课上，男孩杰说到自己最伤心的事情，几乎每个孩子都哭了。他说，有一次回家晚了，结果毛毛糙糙地打碎了一个花瓶，那是爸爸最心爱的花瓶，非常昂贵。爸爸当时不但痛骂了他，而且当场动手打了他，他的脸上立刻爆出了五个红指印。他当时非常难过，冲出了家门。他不明白，为何大人们那么在意那些东西。也就是从那天开始，他发现，在爸爸的眼里，他甚至还不如一个花瓶值钱。

听完杰的故事，也有孩子说了类似的经历，比如不小心打碎了杯子，做错了一道题，弄坏了某个物件……父母都会大发雷霆，甚至有的不惜动手打，张嘴骂。这种恶劣的表现，在孩子的眼里简直就是突如其来的巨大灾难。

女孩佳佳说，有次她不小心打翻了一碗饭，妈妈非常生气，冲着她大吼大叫。当她咧嘴想哭时，妈妈继续吼："哭什么哭？笨手笨脚，还不让说吗？"她只好让眼泪在眼眶中打转，忍了许久，还是将眼泪憋了回去。

在那一节心理课上，温暖的灯光下，隐藏在孩子潜意识中的委屈、恐惧、愤怒都一点点得到释放，所有将眼泪硬生生吞回去的孩子，集体放声大哭。那样委屈而又撕心的哭声，如果父母在场也会动容。

在很多父母眼里，孩子的痛苦根本微不足道，毕竟，那是他犯的错。然而事实的情况是，在孩子仓皇的犯错之后，大人的情绪发作、不顾一切的怒火发泄，就是一种可怕的情绪虐待，它不但加重了孩子内心的慌乱，而且给孩子的内心带来了深深的伤害。

事实上，孩子的祸已经闯了，错误也已经出来了，这时候大吼大叫，有什么作用呢？在英国有这样一个谚语："不要为打翻的牛奶哭泣！"要知道，过去发生的都已经过去，重要的是当下这一刻，暴力发泄只是活在过去，而不是当下。家长要做的，就是要教给孩子在当下一刻如何弥补和纠正，如何安然面对这些错误或者失败，而不是让孩子就此被吓傻。

在家长的愤怒背后，其实隐藏着一个错误的思维模式——那就是急于发泄情绪，急于摆脱愤怒。这本质上就是缺乏冷静的觉知能力。人一旦陷入愤怒的情绪，就会武断地处理问题，而这恰恰是和孩子沟通的大忌。

正是因为这种武断的情绪发作，在孩子和家长之间竖起了一道难以逾越的鸿沟。孩子看见父母就会心生畏惧，这样是很难对孩子起到教育作用的。同时，家长这样大呼小叫，只会让孩子产生深重的罪恶感，在他们脆弱的心灵里留下阴影。如果不能释怀的话，很多孩子还会在夜里持续做噩梦。

那么，如何冷静对待孩子的错误呢？这里提出以下建议：

其一，第一时间给予及时安慰。

记得小时候学过一篇课文，讲的是列宁小时候不小心打碎了姨妈家的一个花瓶，当时他只有7岁，听到哗啦一声脆响就吓坏了，为了逃避大人的批评，结果撒了谎。幸运的是，他的姨妈及时安慰了他，在她温和的抚慰下，列宁说出了真相，学会了诚实，更学会了在生活中如何冷静地面对问题、处理问题。

在我们的生活中，当孩子出现了一些问题，比如考试考砸了，花瓶打碎了，他内心的真实想法其实是害怕的，充满了恐惧的，这一点从孩子撒谎中就可以看出来。当孩子撒谎时，我们要理解这是他害怕被大人打骂，是出于一种本能而形成的自保机制，就像高压线路下的熔断机制。这个时候，如果家长粗暴强硬地对孩子进行惩罚，那么势必会让孩子继续逃避，不敢承担自己的责任，不敢面对自己的错误，更不能解决问题了。

像列宁的姨妈，明明知道是列宁打碎了花瓶，明明知道他在撒谎，但是她并没有揭穿他，因为她能够感同身受，理解列宁的心理需求，她知道他是因为害怕所以才撒谎，所以她和风细雨地耐心安抚他的恐惧和害怕，让列宁慢慢感受到安全，这时候他才会坦诚地承认自己的错误。

对于家长来说，孩子闯了一些所谓的"大祸"，这时候不管发多大的脾气都是于事无补的，在发脾气的时候要警醒自己，到底是在意气用事，还是在解决问题？以此告诫自己冷静，一定要冷静下来，设身处地想一想孩子的处境，他犯了错已经非常不安和害怕了，他最需要的是安慰和鼓励。如果我们给孩子一个拥抱，俯身告诉他："别害怕，情况已然这样了，现在就想办法补救，我们一起来想办法。"等安抚了他的情绪之后，再带领孩子冷静面对现实，寻找解决办法。

其二，用幽默的心态面对问题。

我让学生写《我最崇拜的人》这篇作文时，学生都深有感触地写到这样一个人：在自己闯祸的时候，总是拍拍肩膀说："别怕。兵来将挡，水来土掩，出了事有我兜着。"这样的人，让他感动得流泪，又佩服得五体投地。事实上，在每个孩子的心里，都渴望有这样一个家长：能够包容自己的闯祸，包容自己的不完美，带领着自己去解决麻烦。

麻烦出来的时候，不是落井下石，而是幽默以对。

曾经有这样一个幽默的小品段子说："人生来就是犯错的，错了再改，改了再犯，这样才不枉活了一辈子。"遗憾的是，家长在孩子出了问题后，都会这样说："你看，让我说着了吧，不听我的，你终究会惹出麻烦来的！"有的还会这样说："你自己闯了祸，这回又来求我了吧，你这是自作自受，我不管，你自己解决！"甚至有的家长抱着一种幸灾乐祸的态度，这样啰唆："我早就跟你说过，终有一天你会后悔的，现在终于轮到这一天了吧！"

我们如果设身处地想一想，就会明白这种态度对孩子到底有多伤人——本来孩子犯了错误就已经很害怕了，我们不但不安慰，还用这种谶语来给孩子泄气，让孩子绝望无助，话语里都是满满的打击和侮辱，这不是有爱的父母该做的，更不是理智的父母该有的态度。

我教过的孩子在日记里写满了对这种家长的痛恨——痛恨他们说话绝对，丝毫不体谅自己的内在苦痛，在自己受伤时还要摆出老资格，幸灾乐祸。

古人云："人非圣贤，孰能无过？过而能改，善莫大焉。"在孩子犯错的时候，家长如果能多一点体谅，孩子就会多一点温暖，也就有能力和勇气面对自己的现实。与其愁眉苦脸，担心恐惧，不如幽默面对，用自嘲来化解问题，寻找解决办法。

记得有一次，女儿非要学着我的样子洗碗，结果没有拿好，不小心打碎了两只碗。安静的屋子里，大人们正忙活着各自的事情，突然被这声脆响惊住了。他们瞬间反应过来，都有了各自不同的情绪。

如果按照一般家庭的逻辑，大人们肯定会大叫大嚷，冲着孩子面红耳赤地说："跟你说了多少遍，你还小，不要乱动，你非不听，看看，碎了吧！"或者直接怒吼道："说了不让你刷，你非要刷，都是你不听话！"

女儿呆呆地看着原本好好的碗，现在碎得七零八落，几乎被吓坏了。

这个时候，我立刻认识到了自己情绪的重要性，便"噗嗤"笑了出来，一边笑，一边唱："耶耶耶，一朵小姑娘，我是大碗甲，这是小碗乙，我们正在表演五马分尸。这是碗大头，这是碗二头，这是碗几头？快说说吧？"

一朵看了看地上碎掉的碗片，反应了一下，指着另外几片说："这是碗三头，这是碗四头。"

我说："现在我们把碗三头和碗四头送到垃圾桶先生那里，让他们去表演集合吧？好不好？"

一朵的惊恐渐渐消减了，这个时候，我才慢慢告诉她应该如何洗碗。通过一种幽默的处理方式，让女儿学会了冷静面对自己的失误，不会被突发的意外事件而吓得手足无措，最终学会冷静处理问题。

第八章

孩子的成长，父母的修行

孩子的成长，是父母的不断修行。只有父母做好了自己，营造一个积极的能量磁场，孩子在这个场域内才会得到滋养，带来无形的正向提升，亲子关系也会向着积极的方向发展。父母的修行不是一朝一夕，而是时时刻刻发生着的。唯有抱着兼收并蓄的心，才能在家庭教育的路上走得踏实稳健。

学会静心面对自己

有次一位家长带孩子来咨询，说孩子学习太差，弄得自己很没有面子，心里十分气愤。孩子在我的催眠下，开始默默地流泪。一说到父母，就觉得自己对不起他们。说自己是个罪人，学习太差给他们丢人了。

后来我和家长沟通，家长说自己对孩子只要成绩，别的一概不管。我问家长："你是不是想圆一个大学梦？"家长点头说："我以前家里太穷，没有上大学，现在我挣钱都是为了孩子，能让他好好读大学。结果他就这样不争气，你说我挣钱还有意思吗？"其实家长的这句追问，不光是对我，对很多人来说，都是个非常难以回答的问题。这样的一个想法和说法，正是国内家长们的一个心结，也是共性。

很多家长说，自己经常会苦口婆心地对孩子反复宣讲读书的好处，其目的就是让孩子好好上学。说这个话的时候，家长是想表明自己对孩子有多么关心，多么爱护，不动用武力，而是循循善诱，用道理来征服他们。

我也看得出来，家长们在讲读书的用途的时候，是十分用心的。其中将读书的用处，从上大学，到找工作，甚至是安身立命都涵盖在内了。这样看来，读书就成了一件十分大的大事，大到不读书就会死人的地步。

其实每个父母都是用心良苦的，对孩子讲的这些道理，也是深入浅出，几乎是揉碎了变成思想泡沫，一点一滴地渗入。如果可以塞进孩子的脑子里，家长们都可能会一丝不苟地塞得满满的。可是话说回来，关键的关键是，在这样一种严峻的读书现状之下，孩子会不会被吓跑呢？

有次在课堂上，我问了学生一个问题："你为什么上学读书呢？"

学生们的答案五花八门。从他们的答案中，可以看得出各个家庭的不同侧影。

　　以下是他们的一些回答：

　　一个男生回答说："我读书，是为了让妈妈不再辛苦工作。"从这个孩子的回答中，我们可以感受到，他对自己的妈妈很心疼，那么这种心疼从哪里来呢？猜得出来，一定是他的妈妈经常在耳边灌输自己如何如何辛苦的思想，或者经常显现出很疲惫、很辛苦的样子。

　　我当时就问男生："那你想让妈妈过什么样的日子呢？"

　　那个男孩回答："我想让妈妈可以不上班，天天待在家里，我给她好多钱花。"

　　看得出这个男孩很孝顺。但是值得思考的是，如果幸福就意味着不用工作，不用做事，那么这个幸福的概念，未免太没有价值了。这个小男孩的妈妈如果天天这样来教育自己的孩子，目的就是解脱自己的辛苦，那么这个男孩一生的价值到底是什么呢？是一直活在妈妈辛劳的阴影里吗？

　　所以，我对男孩说："你这样并不是让妈妈快乐。你妈妈喜欢上班，喜欢工作。虽然有时候辛苦，有时候疲惫，但是她有事做就会开心，就会找到价值。如果什么都不做，那不成了废人了吗？"

　　男孩没有说话。他想了想说："嗯。我要是没有事做，也会很难受的。"

　　在这个答案背后，我们看到，有些妈妈为了激发孩子的学习动机，无形中却给孩子带来了负面困扰。这种激励方法，显然是饮鸩止渴，即便孩子当时为了这个目标学习，将来有了自己的工作，也会将工作当作一件很辛苦的事，如此一来，心里就会有很大的负累，生活和工作必然不会有好的结果，也就根本谈不上幸福。

　　所以，在这里我想对家长朋友说，不要暗示孩子自己有多么辛苦，更不要为了让孩子好好读书，而将自己说得多么不容易。我们工作是因为我们愿意工作，为了寻找快乐而工作。没有哪个人，愿意天天什么也不做，坐在那里等着向别人要钱，那样的人生是毫无意义的，除非是风烛残年，老弱病残。

一个女生回答说："我读书是为了考大学，上北大、清华。"

我问："为什么要上北大、清华呢？"

女孩回答说："因为这是名牌大学。妈妈说上了名牌大学，才能有工作。"

我问："如果考不上这些大学，就没有机会吗？"

女孩不容置疑地答道："对啊。我妈妈就是这样说的。她就是因为没有考上名牌大学，所以才给人家打工，没有幸福和快乐的。"

我问："打工有那么不好吗？"

女孩说："妈妈说打工老是受人歧视。上了名牌大学，才会有自己的工作，才不会被人歧视。"

我不禁哑然了。

现在我们来理一理家长的这个所谓的名牌大学的逻辑：上名牌——有工作——不受人欺负——快乐幸福。而在这个逻辑当中，有哪些是真实有效的呢？谁能保证上了名牌大学就一定有工作？现在的名牌大学生不是每个人都有一番事业可干的，而所有有工作的人，不能保证他们不会被歧视；再说了，被人歧视未免就是因为没有工作，只要有能力，不是照样受人尊敬吗？

不受人歧视就一定快乐幸福吗？有很多时候，我们所谓的歧视就在于自己是否看得起自己，而不是别人对自己的评价。

不是有这样的例子吗？——毛遂自荐，自我推销。名牌大学固然是好，但若是你自信，有能力，又何尝不能干出一番事业呢？关键的问题是，我们的家长在引导孩子上学的这个问题上，未免太过于急功近利。这样的误导，不是有种拔苗助长的意味吗？

试想一下，孩子的脑子里灌输着这样的思想，那么有一天他如果考不上名牌大学，那他岂不是要痛恨自己一辈子吗？那种深深的自责到最后就会形成深深的自卑，觉得自己不够完美，不够聪明，那么在未来的生活中，将会是什么样的情形呢？

可以想象，这个孩子将来会不快乐、不幸福，会一直抱着一种深深的挫败感生活。

所以，我想说，快乐和幸福不能和考上名牌大学画上等号。

有个男孩回答说："我上学是为了找到聪明的自己，学会快乐地帮助可以帮助的人做事。"

这个答案让我倍感欣慰。终于有孩子要为真正的学习而读书。学习是什么？不就是为了找到聪明的自己吗？不就是让自己不再困惑，不再随波逐流，人云亦云吗？

从这个孩子的回答中，我们不难看出，他的父母给了他多么宽松的环境，让他自己快乐地成长。在后来的家访中，我的想法也得到了证实。这个男孩的父母十分重视自己孩子的教育，经常参考各种资料，对孩子的心灵教育做得很好。生活中勇于放手，不强加干涉，尽量让孩子自己做决定。尤其在学习方面，总是以鼓励为主，正面积极地引导，给了孩子向上的力量，无形中培养出了他正确的学习动机。

这个男孩的性格也很好，成绩中等偏上，对学习有浓厚兴趣，情商发展很快。在班级里人缘好，开朗乐观，做事积极主动，非常热心。

从这里我们可以看到，弄清楚读书是为了什么这个问题，就是找到了孩子上学的动力。如果孩子还是为了大人强加的理由来读书，那么一般来说，这个孩子就会陷入困境，最起码，他是不快乐的。

还有个女孩回答说："我上学是为了寻找快乐。学到自己未知的东西，不是很快乐的事情吗？"

这个答案是多么的阳光啊。为了快乐而学习，永远都不会觉得读书是一种负担，永远都不会觉得疲倦。这种单纯的想法，正是一个真正的学习者应该具有的。

现在的孩子之所以对学习有压力，往往是因为觉得学习是一种外力的附加，是现实社会不得不压在身上的。而在这个孩子的眼里，读书学习就是为了好玩，为了快乐。

我的孩子1岁多的时候，看见我写字，就非常羡慕，觉得好玩，就想拿起笔来写。但是当我把笔给她，教她写字的时候，她却任凭你指手画脚，就是不愿意拿笔写了。我后来明白这就是外力约束的缘故。

如果一个孩子发自本来的乐趣去读书，那么他学习的动力是持久的，是永不断裂的。反之，我们费尽心机要孩子努力读书，其实都是一种强加的外力，奏效也只是暂时的，长远看来，只是徒劳而已。

一句"为了孩子，我辛苦挣钱"，感动无数家长们，但感动不了孩子。原因不在于孩子不懂事，而是因为我们太矫情。不管我们承认不承认，在教育孩子方面，不需要矫情，孩子不需要我们撒这样的谎言。

明摆着，我们挣钱就是挣钱，挣钱是为了生存，为了自己活着有意义，干吗说是为了孩子？难道我们不为了孩子，就不挣钱了吗？其实对父母们的这个说法，我小时候就看出了问题，并且十分较真地和父母起过冲突。我也不是故意和爸爸妈妈做对，我只是有些想不明白，为什么父母们要将自己的生存理由，嫁祸到孩子身上。那时候我的心里相当委屈，也相当叛逆。现在我自己做了老师，做了妈妈，我仍然不会把这个理由加在孩子身上。那么，为什么我们做家长的，要用那样一个谎言来欺骗孩子呢？这里我们来分析一下。

首先，我们可以肯定的是，这个谎言打的是亲情牌。让孩子记住我们的好，记住我们的辛苦，树立我们的尊严，树立我们的权威，让自己的说法成为有效的说辞。在这样的条件之下，谎言就成立了。

其次，这个谎言的目的是控制孩子，让孩子感恩于我们。我们可以通过自己的谎言，在孩子的心目中变得高大起来。可是这样一来，孩子就变得极为渺小。很多学生内心里其实都有一种罪恶感，尤其是学习差的学生，他们觉得自己对不起父母，对不起亲人。这种负罪感让他们抬不起头来。从心理学上讲，这给他们带来了人格上的障碍，甚至在未来的生活中，都对父母有一种深深的隔膜。这种隔膜不是代沟一个词语所能解释的。

再次，通过这个谎言，家长们是想让孩子们知耻而后勇，未雨绸缪。可惜的是，当家长们透露出自己过得辛苦的信息时，在孩子们的内心里就会存有一种负罪感。一旦有了负罪感，孩子们的心里就不再是单纯的，他们是有包袱的。这样一来，他们就会急功近利、立竿见影，希望一步登天，报答父母。在这种心态之下，孩子们难免会急病乱投医。有些孩子喜欢作弊，喜欢做表面文章，没有真本事，原因就在这里。

在生活中，一些家长对孩子急于求成，拔苗助长，希望马上能够得到好的结果，这个想法就造成了家庭教育中的"恨铁不成钢"的心态。

如果再从深层次来分析，这是家长们在社会环境下无法面对自己的表现。有些家长在孩子面前，说自己如何受欺凌，如何不开心，假如上了大学，有了好工作就不会过得这样。其实这个说辞，对孩子来说，就是一种实实在在的谎言。因为问题不在社会，不在工作，而在家长自己。一个人，自己的心态没有改变，自己的欲望没有拿掉，就不能公正地看待自己的工作和生活。这样就给孩子造成了不好的影响。

那么，该如何做到对孩子有效的心灵引导呢？其实，没有捷径可走，只有一条路，那就是做好自己，静心面对自己，找到自己要什么、不要什么，明确自己对孩子的影响和作用。具体怎么操作呢？这里有几个练习步骤，大家可以试一试：

先对自己的生活有合理的规划，不要人云亦云，随波逐流。从今天开始，制订自己的计划，例如家庭规划、生活计划、财务规划、家教规划：

我的家庭规划是：＿＿＿＿＿＿＿＿＿＿＿＿＿＿＿＿＿。

我的生活计划是：＿＿＿＿＿＿＿＿＿＿＿＿＿＿＿＿＿。

我的财务规划是：＿＿＿＿＿＿＿＿＿＿＿＿＿＿＿＿＿。

我的家教规划是：＿＿＿＿＿＿＿＿＿＿＿＿＿＿＿＿＿。

然后确定自己的生活目标。比如，想要幸福还是快乐？想要金钱还是名利？想要成为什么样的家长？专断型、民主型、心灵型、朋友型？这些都可以填写一下，如：

我要做＿＿＿＿＿＿＿的人。

我要过＿＿＿＿＿＿＿的生活。

我要做＿＿＿＿＿＿＿＿的父母。

接下来在纸上列出各种选项，并选择让孩子做什么样的人：

A.我想让孩子做个自由的人。

B.我想让孩子做个快乐的人。

C.我想让孩子做个平凡的人。

D.我想让孩子做个有知识的人。

E.我想让孩子做个有钱人。

F.我想让孩子做个好人。

G.我想让孩子做个有价值的人。

等到确定好自己的目标之后，就开始做好时间记录。

每天都要做好时间记录——事件记录，让日子充实起来，把生活划分为四大块：工作、生活、家教、孩子。然后逐步填充自己的记录。

对自己的人生有了这些规划之后，剩下的就是执行。你要随时检查自己的行为，觉察自己的行为。如果能坚持一个月做记录，相信一定会大有变化的，你和孩子都会大吃一惊的。

静心想一想人生的意义

几乎每年接收新学员，总会遇到这样的孩子：不知道自己要什么,不知道自己喜欢什么，无论是学习，还是生活，常常做得一塌糊涂。学习没学好，玩也没有玩好，让父母头疼不已。

面对这些孩子，我们总会归咎于他们的智力，说他们太笨；或者是归咎于家庭境遇，说他们缺乏管教。不管是何种原因，这些孩子都活得死气沉沉，没有勃勃的生气不说，还显得格格不入。有时候叛逆、固执、蛮不讲理，有时候又赖在家里，一步都不愿意离开父母。

其实这些都不是问题所在。问题在于，孩子的成长缺乏内驱力。这就好像是一辆汽车，如果内部的发动机系统出了故障，要想让这辆汽车往前奔跑，恐怕是不太可能的。况且，对于孩子来说，自己为什么要学习，为什么要听父母的话，为什么要做个乖孩子，这些他们都没有弄清楚。在弄清楚之前，孩子不愿意盲从，不愿意按部就班地因循过去的模式，问题由此就出来了。

有的父母为了更好地管教孩子，因循了很多的模式和理由。比如，天天在孩子的耳边啰唆，说不学习就不能找到工作，不能找到工作，就不能生活，就会变成街上的疯子；当孩子小时候不能够听从他们的指挥时，他们就会借用另一种威胁的模式，说不爱孩子了，不要孩子了，把孩子送到深山老林里，关进黑屋子里，卖给别人，永远都别想见到父母，等等，这些方法，总与威胁、暴力有关。

这些方法，或许是有效的，孩子的确都变乖了一些。可是，我们不要忽视，威胁永远都是一把双刃剑。当孩子在服从的时候，他首先是从恐惧出发的。那些威胁的言辞，多少是带着些暴力的色彩，或多或少会在他们的心灵中留下痕迹。所以，我们会看到，这个孩子暂时看起来的确变得乖觉了，但行为的反差也间歇性地出现了——有时候沉默寡言，有时候恶语相向，更甚的是，他们会暴怒无常，莫名其妙，让大人无从捉摸。

这就是过早陷入恐惧的孩子敏感多疑性格的雏形。

在这种心灵模式中，明显缺乏一种动力，那就是对生存的价值感的探索缺乏积极向上的动力，失却了螺旋状心灵上升的能量推动。这就涉及以下问题：活着是为了什么？活着有什么意义？我这个生命，对于这个世界来说，意味着什么？

这些问题如果早些出现在一个个体的生命中，孩子就会相信，他将不仅限于父母的那些说辞，他的生命远可以被自己操控，远可以因为自己的决定而有所改变，而不是像父母的说辞那样，让他们无所适从，恐惧害怕，一语成谶。

当一个孩子唯唯诺诺，听从父母的指手画脚而没有还口之力的时候，我们作为家长，难道不觉得这对孩子来说是不公平的吗？假设一个孩子，一直活在大人的阴影中，他的生命还有多少意义呢？他来到这个世间，连自己的价值都不知道，也不知道自己该从哪个方向着手生命的攀升，他怎么能获得快乐？怎么能算是成功的呢？

为此，我设计了一项问卷调查，设置了六个开放型的问题，内容涉及生活、学习、自我能力，以及自我价值观、自我认知五个方面。

问卷如下：

1. 你平时喜欢做什么事情？为什么？

2. 你渴望长大吗？为什么？

3. 你喜欢你现在的生活吗？为什么？

4. 你觉得你活着是为了什么？

5. 你如果失踪了，觉得家里人会怎么样？

6. 你觉得自己重要吗？为什么？

结果显示，那些平时有反差行为的孩子，内心非常茫然。

以下摘录部分答案：

1. 我好像什么都喜欢，也好像什么都不喜欢。因为做什么都很无聊。

2. 我不喜欢长大，长大会有好多麻烦的事情。我不知道该怎么做。

3. 我不喜欢现在的生活，可是我不敢说出来。因为我害怕被抛弃。

4. 我不知道活着为了什么。

5. 我如果失踪，我觉得家里人不会难过。因为他们从来都不爱我。

6. 我不重要。因为我很笨，也很惹人讨厌。

相反，那些积极向上、做事主动的孩子的答案是这样的：

1. 我喜欢唱歌、跳舞、画画。因为做这些让我快乐。

2. 我喜欢长大。长大了可以找到更多的快乐，可以学会做很多的事情。

3. 我喜欢现在的生活。因为一切太有趣了。

4. 我活着就为了学习，让自己变得聪明起来，找到更多的快乐和幸福。

5. 我如果失踪，我觉得父母老师会很难过。因为我是他们最爱的人。

6. 我很重要。因为我可以帮助爸爸妈妈做很多事情。

从以上问卷调查结果中，不难看出两种不同的人生意义：一种是意气风发、充满朝气；另一种是迷茫无助、不知所措。

孩子为什么迷茫？大部分情况下，是因为家长很迷茫。我也经常问那些迷茫的家长一个问题："你到底想要什么？"这个问题虽大，但是并不是无迹可寻。活在这个世界上，虽然已经为人父母，但对自己的人生规划终归还是要有的。因为如果家长对自己的人生有规划，那么孩子也会受到影响，他也会有自己的规划。

当我们生活严谨，活在自己的规划里面，充实而忙碌时，孩子难道就不会有所感触吗？我们把自己的人生规划向孩子阐述，让孩子了解我们，难道这不是一种很好的亲子互动吗？当我们真的能够把自己对于人生的想法、对于人生的感悟和孩子交流时，所有的孩子都会看到父母坚强而智性的一面。也许孩子暂时还不理解，但是终究有一天，他会唤醒自己的记忆，想起你对自己说过的那些关于人生的话题。

可惜的是，很多家长似乎觉得自己距离这个问题太遥远了，他们懒得去想，也不屑于去思考。大家匆匆忙忙，为了所谓的生活，为了所谓的金钱，为了所谓的名利，奔波劳碌，甚至都忘了要好好想一想，自己所做的一切是不是值得，是不是自己已经疲惫不堪。

经常有孩子跟我说，最近爸爸妈妈的心情不好，他也吓得不敢说话。如果有几天学生精神状态不好，老和同学闹矛盾，我就知道，一定是他们家里出问题了。大人的内心纠结、情绪的不可释放，会或多或少地传递给孩子，使孩子们莫名其妙地受到冲击。到底该如何让孩子知道这些？如何给孩子一个清爽的家庭空间呢？

我说到这个话题，目的是想让所有的家长都能够了悟自己，看透自己，然后发展自己。当家长们能够看懂自己，明了自己的人生真义，对自己的人生充满信心，充满规划和快乐时，教育孩子就是一件十分轻松简单的事情，而且还是一件十分具有价值感的事情。

我们不是为了教育孩子而教育孩子，我们是通过发展自己，看清自己，用自己向上的能量来带动孩子，让孩子不由自主地跟在我们的后面，超越我们的人生；除此以外，家庭教育不能附加任何外在的条件。从这个意义上说，孩子是独立的，他是有自己的选择权的，如果我们足够强大，足够让他们佩服，那么他们就会不受外力强加，自觉地走在我们的后面，循着我们的轨迹，义无反顾。

把强制的外力，施加在孩子身上，只能证明我们的虚弱、我们的人生多么苍白无力。我们没有目标，我们浑浑噩噩，我们不知道要什么，不知道活着是为了什么。我们只是单纯为了金钱，单纯为了名利，那么孩子也会单纯为了这些，而放弃追求人生的真义，他会出现很多背离真理的反差行为。

在心灵深处，家长们应该好好想一想，你到底是为了什么活着？

人生的答案很多。忙忙碌碌的人生，很多人都在求索，有的想要很多的金钱，可是有了钱之后发现，自己的孩子一点儿也不幸福，甚至总在给自己找麻烦，惹自己生气，这到底是为什么呢？

有的人想要很大的权利，想要自己吆五喝六，颐指气使，结果当他实现这一切的时候，自己的孩子居然变得无法无天，不知道天高地厚，这到底是为什么呢？

有的人什么都不缺少，但孩子就是不争气，总让自己不顺心，这又是为什么呢？

其实道理在于，向外求索，我们永远都得不到满足。外在的物质没有穷尽，有一个想要十个，有十个想要一百个。好了还要更好，更好还要最好。内心的欲望就好像一个无底洞，没有能够填满的时候。孩子在这种欲望模式的引导之下，也陷入了一个怪圈，你满足他一个想法，他就求你再满足一次，然后他会让你满足他无数次，到最后你不满足他的话，他就会用某种行为来威胁你。

假设我们能够静下心来，想一想我们该要什么，用心灵来感受自己的贪婪，也许我们就知道，让孩子学会寻找自己的意义，让孩子明白自己本来需要什么，这样大家就都不用有那么多的烦恼和困扰，家长也就不会在某天后悔，说自己为了挣钱，忽略了孩子的成长；也不会后悔，硬塞给孩子无尽的烦恼，敷衍孩子，养成孩子一身的坏毛病；更不会用钱打发孩子，让孩子认为钱就是人生的唯一。

从现在开始，寻找我们的人生真义：不是金钱，不是名利，不是权利，不是多少物质需求，而是心灵的宁静和喜悦。即便孩子没有显赫一时，没有聪明过人，但你是快乐的，孩子是快乐的，这就是真正的人生。

只要我们活在自己淡泊的喜悦中，胸怀宽广，不患得患失，不为孩子强加束缚，孩子就会感受到你的宁静，就会和你一样，认真做事，有自己的目标和规划，淡然地看待自己的生活，你们之间就有了良好的亲子开端。一家人生活在喜悦的亲子氛围中，还会有那么多不顺心吗？

学会心灵按摩

当我们费尽心力想要获得金钱名利的时候，孩子其实已经陷入我们积累的情绪负债中了。这是我在带孩子的时候，恍然醒悟过来的。

生下女儿那一年，因为工作繁忙，生活所迫，顾不上照顾女儿，再加上我没有帮手，孩子只好暂由奶奶带，这使得我的心情十分沮丧。

女儿到了六个月的时候，我的情绪变得更加恶劣。经济紧张，工作没有起色，出现家庭危机，很多事情接踵而至。在这种负面的氛围之下，我陷入了空前的低落，不但心态灰暗，而且找不到方向。那时候女儿也莫名其妙地病倒了。连着低烧、吃药、挂点滴，折腾了近半个月，反反复复，退了烧又升上来，叫我牵肠挂肚。女儿的身上，能够扎针的地方都扎过了，看见她忍着不哭的表情，我流泪了。

好不容易到了女儿1岁半，一场秋季腹泻的大流行又落到了女儿的身上。到现在我才知道，为什么每次有流行病毒都会传染到女儿身上，因为我当时的心情处于极度糟糕的状态，我的身体也出现病态。咳嗽、感冒，几乎一周一次。医生说是免疫力低下。那段时间，我忍着病痛带着女儿看病，整整一个月时间的担惊受怕，女儿终于痊愈了。有好几次，看着女儿苍白的脸，她无力地倒在我的怀里，眼睛无光，我就吓得一身冷汗，心里痛苦到不能自制。

生活的凌乱、工作的毫无起色使陷入迷茫的我心情持续地烦躁。女儿的身体也持续地生病。2岁左右又住了几次院，反反复复发烧、咳嗽、气管发炎。有天我想着自己这样沮丧的人生境遇，静下心来问自己：我到底要什么？我想要做什么样的人？是这样低落暴躁的人生吗？

经历了那些陪着孩子住院的夜晚，我恍然醒来，突然想明白了自己：我不要做这样的妈妈，不要做这样的人。我不要这样没有目标、随波逐流的人生。那段时间，我重新捡起了自己丢掉多年的梦想，开始重新思考自己想要什么，并为此义无反顾地踏上了心灵成长的征途。

奇怪的是，在我想明白了自己想要的一切之后，我的身体再也没有像从前那样生病，女儿的身体也一下子好了起来，到后来的一些流行病也能幸免。我这才明白一个道理：情绪可以导致疾病，良好的情绪可以击败一切。

在我的这段亲身体验中，我非常感谢女儿和我心心相印。在那段苦痛的日子里，我找不到人生的方向，但小小的女儿却用自己稚嫩的话给我带来希望。有次我问女儿："你喜欢妈妈吗？妈妈是什么样的？"女儿很幸福地说："妈妈我感谢您，我喜欢您。您是最好的妈妈！"这样一个小小的孩子，居然可以用如此深情的话语来开解我。这让我突然醒悟到自己的人生意义所在。从那以后，我开始思考心灵成长的问题。

心灵的富足远远可以超越现实的困顿，哪怕是不名一文，只要内心喜悦，心无旁骛，终究有一天会感受到真正的幸福。

为什么我们常常情绪低落？为什么我们常常感到无助又无力？为什么我

们面对孩子总是要外强中干？我们指手画脚让孩子这样做，那样做，可是我们自己又做了些什么？我们真的得到过心灵的富足吗？为什么我们的欲望总是没有尽头呢？

在纷繁的人世间，获得解脱的唯一方法，就是学会心灵按摩。把那些曾经让我们苦痛的阴影重新整合；看到自己想要什么，知道自己想要做什么。分清什么是自己不想要的，但是自己却被迷惑，执着强求，结果身心疲累；分清什么是自己想要的，却因为世俗的原因，或者是对自己不够自信，而将梦想搁置一边。这样的人生毫无意义。我们要勇敢地和过去说再见。从头开始自己的一切，活在自己的喜悦追求中。

当别人嘲笑你的时候，请不要胆怯，如果你爱自己，就勇敢地对自己说："我相信自己，我不在乎别人的眼光。"无论别人有多么显赫，请千万不要艳羡他们外表的风光，因为只要你拥有内心的丰盈，你就永远不会贫穷。你内心的富足，会带来物质的财富，你也会优于从前，你想要的一切，都会滚滚而来，只不过需要你用心灵来感受。从心灵深处感受自己，让自己想清楚是什么阻碍了自己的发展。

如果你整天只想着要大量的钱财，那么注定你会变得斤斤计较。请用自己正面的力量修炼你的心灵，你要相信，你有能力获得足够多的财富，只不过还没有到时候而已；如果你整天只想着要名扬天下，你就注定会变得虚伪而圆滑，事实上这些对你的理想实现毫无用处。你要把心放在能给人带来能量，能帮助别人上面，这样才会有好的机会来到你的身边。

静下心来，盘点自己的心灵，看看自己有什么梦想还没有实现。重新看待自己经历的困境，不过是一段烟云。问问自己，到底为什么不去努力实现这些梦想；用潜意识的方法，告诉自己，让自己相信：我一定可以的。只要我想要，我就可以改变现状，能够得到我想要的人生；检视自己生活中的限制性思维，比如，我不会电脑，我不会开车，我不会做销售等，把限制性的思维都统统抛掉。让自己从无限制的思维开始，相信"我可以"，我只要愿意，就一定可以。用足够的时间，让自己相信"我一定行"。

请相信你心灵的力量，只要你改变你心的方向，那么你的人生也就会有所改变，你的孩子跟在后面，也会有所改变！这个道理是我自己亲身实践得来的。

从现在开始，接受正面的能量，相信自己可以改变。

爱的心灵法则

如果我问家长们，爱是什么？这个问题，估计会有不同的答案。有的家长爱孩子，他们觉得要给他们吃好、穿好，还要给他们无微不至的关怀。有的家长可能觉得要给孩子一个未来，所以他们想尽办法，让孩子做到最优秀，做到最好。有的家长可能要让孩子过得幸福，幸福的概念就是不用做事，不用辛苦，所以他会让孩子什么都不用做，只要坐享其成就可以了。

这种种不同的爱，给了孩子不同的人生，但同时也给孩子带来了不同的心灵模式。孩子真的幸福吗？孩子真的快乐吗？答案是"也未必"。

有人说，爱就是给予，满足孩子的需求，给孩子一切想要的。这种家教形式下的爱，无可厚非，关键问题在于，当孩子变得什么都不会，只知道伸手张嘴向家长要的时候，我们该思考的是，我们作为家长能够陪伴孩子多久？一辈子吗？

有人说，爱就是管制。给孩子制定种种规则，让孩子知道自己在这个世界上的有所能、有所不能，才能让孩子适应社会，适应未来。这个出发点是好的，关键问题在于，当孩子认定自己有很多事情不能做、不会做的时候，他的心灵里就有了一个受限模式，他遇到问题时就不敢上前，遇到困难时就逃避躲起来，这时家长们又该作何感想呢？

有人说，爱就是服从。让孩子学会无条件地服从，无条件地听话，失去自己的个性，没有自己的追求，在父母爱的呵护中禁锢，不敢轻举妄动，不敢有所奢求。当孩子望洋兴叹、自愧不如、妄自菲薄时，我们做家长的又该作何感想呢？

孩子是一个生命，拥有独立的人格。我们对他们，如果是真爱，请用自己的心灵之爱，来了解他们、关注他们、支持他们、体谅他们、理解他们。在他们苦痛的日子里，和他们站在一起。在他们骄傲的日子里，给他们真心的告诫。

爱的心灵法则，就是要让孩子的心灵，一路健康地成长。这里包含了六大法则，在每个法则的背后，都包含着孩子人格成长的契机。

法则一：放手。

在孩子最需要实践的时候，放手给他们自由，让他们体会到自由的快乐，体会到自己长大的快乐，这就是孩子心灵成长的契机。

法则二：信任。

在孩子做事的时候，不要跟在后面对他们千交代万叮嘱，要给孩子信任的机会，给孩子实践的机会，让孩子学会自信。在未来的生活中，他们将会明白，自己管理自己才是最快乐的事情。这会带给孩子心灵成长的动力。

法则三：自律。

用自己的意志力，克服来自外界的诱惑和困扰。不让自己轻易放弃，这就是自律。当家长做到自律，带给孩子的也将是勇敢地面对自己、坚持到底的自律。

法则四：耐心。

对孩子耐心地等待，相信终究有一天，他们会慢慢明白自己的未来所在。给孩子足够的时间，让他们学会自己实践，不给他们负面的刺激，不急于评判他们的错误，要让他们摸索出一套属于自己的东西。

法则五：童心。

和孩子的交流，在于童心。如果没有童心，孩子将不会信任你们，你们也将无法取得孩子的喜欢。在没有喜欢的背后，你们的一切将会受到孩子本能的排斥。只有童心，可以让孩子把内心的烦恼和你们一起分享，所以，要从孩子这里学习童心，再把童心还给孩子。

法则六：快乐。

用快乐打动孩子的心灵，让孩子和你一起快乐地互动，帮助孩子寻找自己的快乐所在；孩子为了寻找快乐的自己，会在学习和生活中不断探索，自觉地走进人生的殿堂，为了快乐一路前行。

在这六个法则中，围绕其中的就是爱。有爱的心灵，会在这些法则中，找到孩子带给自己的成长的喜悦。活在喜悦中，比什么都来得真实，来得完美。家庭教育的艺术性，也就在这里了。家长们如果能从这六个法则入手，修炼自己的心灵，孩子也一定会感受到内心的宁静。

从现在开始，马上实行爱的六个法则。记住，孩子永远是你们心灵磁场的追随者。你们是什么样的，孩子也会是什么样的。为了这个，请将你们的心灵磁场放大，给孩子无穷的吸引力吧！

用自我催眠找回自信心

在生活中，家长对待孩子，最普遍的一个心理就是：容易失望。在这个心理模式下，他们都难以逃脱对孩子的指责、侮辱，甚至是打骂的行为。虽然他们也知道这很粗暴，对孩子影响不好，但因为失望太大，无法释怀，难以排遣，只有借用种种反差行为来掩盖自己内心的失望。

这个道理就好比山洪暴发，当失望的情绪和自己的内心愿望形成落差时，失望就会变成一股洪流，需要流通，需要泄洪。孩子正好成了这个泄洪的蓄水池。不管孩子有没有心理准备，有没有泄洪能力，都最终被大人们赋予了这个作用。所以，孩子无形中接纳了大人的垃圾能量，将负面的情绪吸收过来，变成了自己的一部分。在每一个孩子身上，都存在着大人们情绪释放的模式，潜移默化地形成了孩子处理情绪的方式，这也就形成了孩子各个不同的气质心理特征。

那么，为什么家长容易失望呢？原因很简单，在社会生活中，有一个看不见的约定俗成的规则，比如，孩子成绩好，似乎就预示着优秀，也似乎预示着将来的辉煌。这个约定俗称的概念化的规则，约束了大人的思维。

最值得推敲的是，大多容易失望的父母，都是因为他们自己是失败者。在这些规则面前，他们既是地地道道的推崇者，同时又是失败者。比如，如果这个家长没有考上过大学，那他会十分推崇上大学，因为他认为没有上大学很失败，从此可以推断这个家长在生活中觉得自己是失败的。而事实上，这个家长怀抱自己是失败的心态，其事业多半也是失败的。在失败的心态主宰之下，他的家庭教育也不会成功。很明显，他的孩子也不会出现很正面的心态，在他的引导之下，孩子会陷入他的这个限制性的心理怪圈当中。

从刚才的心理环节分析，我们可以知道，这形成了一个情绪链条，似乎有些宿命。但从心理学的潜意识分析，却不无道理。限制性思维模式，给家长们带来的困扰在于，这似乎成了一个无法破解的怪圈。

仔细分析不难知道，在家长们内心困扰的背后，埋藏着一个秘密，那就是家长们自卑心理的存在，而正是这个导致了孩子问题的出现。很多家长觉得自己很失败，于是就寄希望于自己的孩子，认为自己宁肯砸锅卖铁，一定要让孩子实现自己的梦想。这个想法本身是有违孩子的选择权利的。梦想是独立的个体自己的权利，家长们无权强加于孩子。当家长们将自己这个限制性的思维模式传达给孩子的时候，就是在将一种限制性的潜意识模式交给孩子。

所以经常有家长说："我小时候也很笨，难道孩子也逃不脱这个命运吗？"甚至有的家长说："还是信命吧。这孩子跟我一样，没有成功细胞。"这些充满负面能量的话语、这些负面情绪的发泄，其实正和他们的限制性思维遥相呼应。

为什么他们失败？为什么他们失望？因为他们选择了逃避问题，逃避自己。他们首先是自卑的，是觉得自己不够好，觉得自己笨，不可能有机会。

甚至有的家长在骨子里都觉得，自己不可能做什么大事，所以只有寄希望于孩子。

其实每个人都有权利追求梦想，无论年龄还是性别，关键是很多家长失去了梦想，失去了做梦的能力。年纪轻轻却像垂垂暮年。事实上即便垂垂暮年，也可以突破自己的极限。但这种积极的心态、积极的思维，他们却毫不相信，他们不相信这个能量，他们更没有这个能量。

这里我就谈到了大部分家长存在着的心理问题，那就是自卑，缺乏自信心。当你对孩子颐指气使、振振有词的时候，你其实是沿袭了小时候你的父母对你的那种居高临下的教育方式，同时也是激活了你当年那种无能为力的记忆。这个时候，你把这些强加给孩子，就是在重蹈当年的覆辙。

为什么不从改变自己开始呢？既然自己都没有改变的勇气和信心，那么为什么要寄希望于孩子呢？孩子不是照样在你的负面的气场中接收失败的信息吗？你总是这样传达限制性思维，难道不知道它会给孩子带来困扰吗？

在临床心理治疗中，我发现一个很严重的现象就是，家长们经常逃避自己的问题，避而不谈，或者是置若罔闻。我遇到很多这样的家长，每次我发现问题出在他们身上的时候，他们总是采取阻抗的方式，和我谈论孩子时把孩子揭露得体无完肤，对自己却讳莫如深，甚至觉得要改变自己是无稽之谈。他们觉得孩子就是孩子，他不好是因为他咎由自取。这种想法的错误就在于，完全抹杀了教育对孩子的熏陶作用。

家长敢于面对自己的问题，敢于直面心灵的困扰，突破多年以前限制自己思想的心灵阴影，这就是心灵成长的变化。事实上，在生活中，很多家长早就停止了心灵的成长。他们逃避问题，一味地苛责孩子，一味地强求结果，而从不在自己的身上找原因，从不想想自己缺乏什么，他们的理想就是，从孩子的身上找满足，从孩子的身上找寄托。这样的做法，无异于飞蛾扑火。孩子是一个生命，我们要从自己的改变开始，传递给孩子信心。

如何找回自己的自信呢？在家长们步入社会生活的那天起，可能有些一直活跃在自己的事业中，信心一点点被积累起来，变得越来越有力量。这是我在有些家长身上看到的有趣现象。有个家长对我说，小时候父母老对她进行负面打击，她也不相信自己能行。可是在三十多岁才发现，自己也可以做到很多事。她惊讶地发现，自己居然有了自信。像这个情况，就是心灵获得成长的表现。但在现实中，我接触到的家长，很多都是负面能量过大，对自己评价极低的，比如："我不行啊，孩子，这个家全靠你了。"或者是："我们已经完了，只有你了！"

这些言辞，其实就是在推脱自己，是在将一种负面的能量移交给孩子。

那么如何改变呢？这里推荐自我催眠法，具体操作步骤如下，供大家参考：

1. 每天告诉自己：我要重新开始。重新认识我自己。

2. 开始每天发现自己的一项潜能。比如：今天我会开车了、今天我会打乒乓球了、今天我会打篮球了、今天我会打电脑游戏了，等等。

3. 临睡前对自己说：我不是不能，而是一直都没有开始。现在要开始寻找那个充满能量的自己。

4. 早上起床对着镜子告诉自己：我很好。我欣赏我自己。我绝不会放弃自己。

5. 多看自己的优点，从自己的优势着手，建立自己强大的心灵能量。

6. 积累自己的心灵能量最低需要21天，持续三个月就可以了。你会发现自己充满了自信。

心灵冥想法，赶走坏情绪

在繁忙的工作之余，我们会遇到很多烦心的事情。比如，孩子上学成绩不太理想、工作没有起色、心愿没有完成，等等。烦恼越积越多，到最后形成黏稠的思绪，就变成了一种难以排遣的情绪，渗透在生命的每个时刻，无力解脱。我将这些情绪称为"坏情绪"，并将这些情绪分为以下几大类型：

第一种：对人生现状不满意，怨天尤人。这是一种极为有害的坏情绪。这种情绪叫作无助感。它对自己的成长极为有害，久而久之就会形成抑郁症状。而孩子也会深受其害。如果你发现孩子也喜欢抱怨，总是用各种理由为自己开脱，为自己推脱责任，那就说明，你的无助感深入到了孩子的心灵当中。孩子的改变必须从你开始。

第二种：对自己怨恨，自怨自艾，觉得自己活该。这种心态对自己的伤害无疑是最致命的。它的打击也是最直接的。比如：做事之前总会在心里盘算："我做不好的。"遇到困境，总是说："这是我活该。"从心理学分析，对自己采取这种类似自虐的态度，在心灵的深层就是一种讨厌自己、不接纳自己的心理模式。这种情绪对心理健康非常有害。它直接抹杀了我们的斗志和信心，让我们沉浸在自己的坏情绪中，不能走出来。

第三种：妄自菲薄，早早放弃。这种心态类似第二种心态，但不同的是，这里多了一种和别人攀比之后的灰心绝望。总拿别人做参照物，并且总是通过和别人的比较，让自己放弃，给自己寻找退路。这种心理导致自己不敢追求、不敢奋斗的思维模式，让自己沉浸在命该如此的宿命里，不能自拔。这种坏情绪若让孩子感染上，孩子就会不思进取，被动推诿，成长失去动力。

第四种：目光短浅，急功近利。为了一些芝麻大的小事，心存芥蒂，耿耿于怀。仔细想想，其实这些烦恼和幽怨，也无非是没有获得心理平衡，没有得到心理满足。为了获得满足，急于发泄心中怒火。一次次地用发泄来强调自己的欲望，希望达成自己欲望的满足。多次刺激和释放之后，就会变得暴躁、易怒、浮躁。这种心理模式对人格的伤害是十分大的。孩子如果感染这种情绪，就会容易发火，或者是过于胆小。做事患得患失，没有长远目标，更没有人生规划。

第五种：自恋自负。因为遭受过别人的嘲讽，心底里有极深的报复情结，所以最讨厌别人挑错，最讨厌别人揭短。害怕被人瞧不起。一旦别人有不同意见，就会觉得内心受到伤害。讨厌被别人挑战。尤其在家庭生活中，绝对不允许孩子犟嘴，不让孩子辩驳。自己的决定百分百正确，自己的想法不能被驳回。自己的一切都是正确的。这种心态导致了情绪的滋生，动辄失控吵架、自怨自艾。过分注重自己的感受，带给自己的伤害也就越多，情绪也就越激烈。

以上是我综合生活中家长的具体行为总结出来的五种负面情绪模式。这五种情绪对孩子的伤害是深刻的，对他们的人生也有十分可怕的影响。所以，从现在开始，请你准备好，我们要赶走这些坏情绪。在这里，我推荐目前比较有效的潜意识冥想法，它能够有效地克制坏情绪的产生。

潜意识冥想法，就是在心目中建立一个新鲜的世界，用潜意识的接纳和感恩，赶走旧的情绪，破解旧有的心理机制，建立新的心理机制。

那么如何操作呢？首先我们要向自己明确一点，就是要相信自己——只要改变，就一定可以改变。从现在就开始改变。

选择舒缓的音乐，闭上眼睛静心倾听轻缓的乐声，想象自己的眼前出现了幽深的丛林，有小桥流水，自己正在惬意地享受这一切。

轻轻闭上眼睛，继续享受美景，看见自己正坐在桥边，写下自己的坏情绪。然后在纸上写道：我要慢慢接受我自己。我要送走这些坏情绪。

想象自己正在把这些坏情绪送走，把写着自己坏情绪的纸条叠成纸船，然后放到水里，看着那纸船慢慢漂远，向他们说再见，然后看着自己的崭新情绪正走出来。想象自己在丛林中，写着自己的新情绪——新情绪里有快乐、喜悦，要高兴地接纳这些新情绪，高兴地拿着那张新情绪的纸条，或者是精美的纸单，幸福地道谢，快乐地接过那张纸单，把它留在自己的记忆里。为自己欢呼，为自己高兴。

就这样，每天通过静心的冥想，告诉自己，一切将重新开始。自己将要脱胎换骨。持续三个月，你将会真的见证自己蜕变的奇迹。

整合阴影，喜乐无忧

不知道为什么，露露的妈妈一看见孩子成绩差，就心头发紧，有些莫名其妙地想要发火，而且发火之后还会觉得后悔。她努力想要使自己镇定下来，好好看待孩子，可是似乎做不到。这样的努力做了几次，都没有作用。最后只好求助于心理辅导师。

那么像露露妈妈的苦痛，真的是露露引起的吗？其实不是的，而是露露妈妈的内心深处，有一道阴影。她在童年的时候，每次考试不好，一定会受到父母的一顿批评，甚至父母不让她吃饭。为了这个，她心里曾经无比的痛苦。但她从来没有反抗过，她觉得大人的做法是对的。这就是她的阴影所在。

这个阴影的存在，使得露露妈妈情不自禁地想起了自己的童年遭遇。实际上，这段记忆她觉得自己早已忘却，那为什么自己还会出现这些问题呢？那是因为，在她的潜意识中还存在这样的阴影。

其实每个人的内心都有着无数道阴影。行为反差的出现，就是阴影的证明。绝望、失望、痛苦、委屈、抱怨，种种烦恼困扰着我们的同时，就已经把一种心灵的模式带入了生命中。

我们以这种模式做人，以这种模式教育孩子，我们以这样的模式给自己带来越来越多的烦恼和苦痛。

我们想要躲开这些苦痛吗？我们想要拿掉这些苦痛吗？是的，我们都想。为了拿掉这些苦痛，我们采取各种方法，诸如喝酒、抽烟，或者是选择泡舞厅、和人们吵架、怨恨别人，但是这些方法丝毫无效。正如歌中唱得那样——抽刀断水水更流，举杯消愁愁更愁。

我们大人面对苦痛所选择的处理方式，对孩子来说，其实更像是一种引领。我们堕落，他们的未来也会堕落；我们绝望，他们的未来也会在某一个时刻呈现绝望。

他们也在自己的阴影里无法自拔。但可惜的是，我们却看不明白原因在哪里。我们选择抱怨他们，斥责他们，误解他们，用恶毒的语言嘲讽他们。其实，我们用这样的方式，进一步把自己的阴影笼罩在了孩子的心头。

对于我们内心的阴影，该怎么办呢？是拿掉它们吗？是彻底从记忆中消除吗？不是的。从心理学的角度来说，阴影是不可以轻易拿掉的，做徒劳的努力是没有意义的，只能通过整合获得成长。什么叫整合呢？就是看清、觉察阴影的来处，接纳阴影的潜在意义，升华阴影的积极层面。接下来我们仔细分析下面几个步骤。

第一步：发现阴影。

整合阴影不是一朝一夕的事情。需要从好几个层面开始做起。首先第一个层面，就是从阴影探索开始。

我们的心灵阴影从哪里来呢？请家长们仔细想一想，在自己的童年里，是否有过哪些难以释怀的苦痛？是否有过一些心灵的伤痕？是否在上一代父母那里，接收过什么样的心灵模式？孤独、忧郁、柔弱，还是无助？

想想自己的父母，是不是曾经在某个时刻，对自己有过侮辱、打击？或者是在某个时刻，被亲人的苦痛所伤害，无法自已？

有次朋友告诉我，说她一看到身材高大、样子威严、穿着制服的人，就总是心头发紧，神经紧张。我给她做了心理测试，发现在她的潜意识深层，存在着一段可怕的记忆。她曾经见到过一个个子高大的人被车撞死的情景，那段记忆正好在她的童年时期。在那个时期，她出现了短暂的心理障碍。直到成年后，也仍然有心理阴影。

从这个实例中我们可以知道，阴影是从自己的经历中形成的。找一个时间，一个安静的角落，细细倾听自己的内心，问问自己的阴影来自哪里；请回忆一下，闭上眼睛，像放电影一样，仔细搜寻。当然，有些记忆不是自己可以找到的，可能会是在梦中出现过的一些场景，这些场景从侧面也会反映自己的心灵层面。

第二步：接受阴影。

对自己的阴影如何接受呢？这里要讲到的是，不要害怕，不要愤怒。要怀着感恩的心，感谢岁月留给自己的记忆，然后平静地送走那段记忆。告诉自己，阴影是岁月成长存在的意义。想想那段阴影，给自己带来了什么样的觉醒？这就是值得感谢之处。

第三步：升华阴影。

将阴影升华是心理治疗的重点部分。对于孩子们来说，也是一个最有效的部分。升华的目的，是从阴影中获得力量，而不是消极的负面能量。所以，我们一定要注意，从积极的层面入手，引导自己发现另一个通路，勇敢地改变自己。比如，朋友后来训练自己，天天看着高个子穿制服的人，通过心灵冥想法，在想象中和这些人做朋友。直到最后，终于可以面对面和他们交流。这就是整合阴影，做到成功地升华。

从上面三个步骤我们看到，心理的问题不是一蹴而就的。而孩子的心灵问题也是一样。不要把自己的意愿强加给孩子，不要把自己的情绪传染给孩子。如果有了内心困扰，就要记住，用阴影整合的方法，进行升华。你只要愿意去做，只要有决心，就一定可以做到。这才是问题的关键。

反观内心法，活在当下

有次和家长们交流，说到孩子的问题，有的忧心忡忡，说将来要是没有能力，可怎么办呢？有的疑虑重重，说这孩子以前很差，怎么能有希望呢？

仔细琢磨这种心态，其实正是当下家长们的写照。我把这种类型叫作"挤压型"：因为对未来恐惧，所以担心；因为对过去悔恨，所以难过。而真正的自己站在现在这个时间维度里，不知所措，只有被过去"挤"，被将来"压"。

然而我们仔细观察一下这些抱持着"挤压型"心态的家长们，不难发现，他们的人生正如心情一样，缺乏亮色。因为不能客观面对自己，内心的能量弱小，甚至都不敢设计自己的人生。他们大多跟在后面随波逐流，尽管小心翼翼，却仍然逃脱不掉被淘汰的厄运。这种犹豫彷徨的人生，造就了孩子的畏畏缩缩，不知所措。

从心理学上来说，时间在潜意识中的停留，在很大程度上左右着一个人的行为模式。活在将来的人，总是会过于担心，延误自己的决策，错失成长的良好机会；活在过去的人，只会以从前作为标杆，过分注重经验，导致不思进取，为前进找到无数的借口，便于推脱自己的责任。

这两种心态是家长们在心灵世界里沉淀下来的处事模式。它会成为影响我们成长的头号因素。那么我们该如何做出选择呢？

当代最有洞见的心灵导师埃克哈特·托利指出："活在当下，修炼当下的力量。"一句话为我们指明了心灵前进的方向。

将来取决于现在，过去不代表未来。在当下这个心灵维度里，我们要紧紧立足当下这一刻。在这一刻里，修炼自己内在的力量，找到属于最真爱的自己。不在意外界的诱惑，不在意外界的挫折，从内心出发，寻找真正的价值，这才是当下一刻我们亟须获得的心灵能量。

接下来我们来整合三种不同的心灵模式，升华到当下中。

第一种：活在将来型。

找到自己担忧的将来，明确将来自己想要什么，写下自己的目标，确定自己的未来。然后设计当下的每一个步骤，不为将来发愁，坚信当下的力量。

第二种：活在过去型。

这种类型主要是因为过去的经验太多，迷失了真实的自己。这时就要看清过去的经验到底代表了什么，然后整合过去的经验所赋予的符号，比如，以前自己失败过，所以在内心的符号就是"我很差"，这个符号使得内心失去动力。这个时候，就要进行阴影整合，从容接纳从过去失败的经验里面获得的符号，然后怀着感恩的心，送走这个符号。然后再面对自己，解读现在的自己。现在一切从头开始。不为过去难过，不为将来担忧。

第三种：挤压型。

既为将来担忧，又为过去难过。从这种心态中走出来，需要进行两种阴影整合。既要让自己客观看到自己的优势，又要从过去的伤痛中走出来。家长就要深入了解自己的痛苦根源，整合痛苦的阴影，解脱心灵的困扰。

通过努力，如果能从这三种模式中走出来，家长就不会过分苛责孩子，也不会担忧孩子，愤怒的情绪也会有所缓解，看待问题也会客观公正。

这种方法主要是觉察、反观。这里举个例子，比如，当自己开始情绪不定时，要马上警觉起来，问自己几个问题：

1. 我在担心什么吗？

2. 我在害怕什么吗？

3. 我的担心和害怕有作用吗？

4. 我真的必须害怕和担心吗？

5. 这些情绪从哪里来？

然后逐个回答这些问题。等到把答案弄清楚之后，就会明白自己的情绪。情绪一旦被觉察，它就会消失不见了。

最后进行反观，就是要对自己进行情绪整理。不让自己回到过去，不让自己回到未来，不受将来和过去的挤压。不担忧也不恐惧，活在喜悦中。淡定地做事，淡定地爱孩子。

这种方法也是要积累一定时间才可以奏效的。最好坚持练习三个月。三个月后，心态就会自然平和。这就可以感染到自己的孩子了，会给孩子构建一个积极的能量磁场。

后　记

　　写完这部书的时候，外面已经是热浪滚滚，赤日炎炎。历经六个月，终于完稿，想说的东西太多，一时不知道该怎么言表。

　　我想说，这是一部写给那些真爱孩子、愿用心灵和孩子共同成长的家长们的心灵地图。在这里，希望家长们可以按图索骥，找到自己孩子心灵的密码；还可以抛砖引玉，进一步深入理解孩子，自此开始和孩子心心相印的新旅程。

　　从事培训以来，我一直致力于对孩子心灵教育的研究，也一直希望能从爱的角度，给孩子带来快乐和阳光。在这个过程中，和众多家长们的沟通与交流，给我带来了很多启发，手头也积累了不少的资料。如今，我终于把这些想法和资料整理出来，这算是我对这些年培训生涯的一个回顾，也是我积极推行心灵家教迈出的第一步。

　　教育孩子是全世界最为神圣的事业，不管是教师，还是家长，都是站在人类前进的最前沿，担负着为未来发展战略布局的光荣使命。每当想到这里，我就会觉得教师是神圣的，家长更是了不起的。尽管我们没有做过经天纬地的大事，但毕竟是我们用自己的辛劳哺育了孩子，为人类输送了无数的人才。在这里我想说，每一个家长都是辛苦的，每一个家长为孩子的心灵付出也都是值得的。

　　随着时代的发展，家长需要学习的东西太多了。电脑、互联网的普及，信息时代的新名词，新新人类的情感符号，"00后"的时尚元素，这些对于习惯按部就班的家长们来说，简直眼花缭乱。审美观、价值观的激烈蜕变使孩子们和我们之间似乎渐行渐远，拉开了不小的距离。常听有些家长感叹说：现在的孩子太难管教了，这可能是太幸福的缘故吧。

这句话其实不然。科技的不断进步、各种娱乐设施的完备使人们寻找快乐的花样越来越多，麻醉自己的手段也越来越纷繁：KTV、网吧、舞厅、电玩室，灯红酒绿，这些高科技衍生出来的精神污染物，正在诱惑着孩子们急欲思变的心灵。

大人的说教，孩子未必买账，弄不好搞得亲子关系紧张。强制管教用得了一时，但未必能用得了一世。到了青春初期，孩子比大人都难对付。到那个时候，孩子爱理不理，想走就走，大人除了无奈，还是束手无策。

难道大人就真的没有办法吗？不是的。这就是我要提出的心灵家教的初衷。我们的目的就是要从小开始，对孩子进行心与心的交流，双方的心灵一起成长，教学相长，互为对应物。孩子的身上有我们需要学习的真诚和坦率，而我们则可以带领他们看待问题更加系统，更加客观。当然，如果这个家长心灵早已停止成长，那么你也未必就比孩子成熟，也未必就比孩子心理更健康。

从另一个角度说，我们其实是通过孩子丰富完善我们自己，通过孩子，更好地发现我们自己，发展我们自己的未来。

我们可以成就孩子的梦想，同样的，孩子也能够成就我们的梦想。这一点我是深有体会的。我就是从研究孩子的心灵开始，找到自己终身的目标和追求的。

面对孩子，我们一定要抱着开放的心态接纳他们，在接受他们的同时，本着理解、尊重的原则，去读懂他们，看清楚他们，然后再和他们做朋友，共同成长，寻找自我价值。这就是心灵成长的宗旨和要义。

开学之初，有学生看到我总是戴着一个水晶手链，非常好奇地问我："老师，您手上戴的是什么啊？"我笑了笑说："我戴的这个是能量环，里面有一个非常神奇的故事。"直到现在，孩子们还在期待着我跟他们讲述这个神奇的故事呢。其实这个能量环是我对自己和女儿的承诺。我承诺自己绝不简单评判孩子，要和孩子心灵互动，不用自己的强制力造成她的人格的缺失和障碍。我每天戴着这个水晶链，感受自己心灵成长的喜悦和快乐。现在我已经不需要佩戴了。因为这个手链已经化为一道力量，永远留存在了我的心中。

最后，我要预祝各位家长，能够顺顺利利展开心灵家教的幸福旅程，和孩子一起开开心心，亲子互动，做孩子的无敌好爸妈！

在这里，我还要感谢北京理工大学出版社的秦社长，他慧眼识珠让本书得以面世；同时我还要感谢我的家人，他们积极支持我的写作工作，为我分担了很多家务，以便腾出足够的时间供我安心写作；最后我要将我的祝福和深深的谢意送给我九泉之下的父母，是他们给了我生命，并用自己健全的人格培养了我，让我在他们的言传身教之下，得到了心灵的真谛。父母的教诲将成为我一辈子的财富！而这恰恰向我们证明了一个真理：家庭教育是伟大的！